心理臨床の親面接

●カウンセラーの基本的視点

永井 撤
Toru Nagai

北大路書房

まえがき

本書は、困難を抱えている子どもの問題で来談する親御さん、特に実際に来談される機会が多い母親との面接場面を主に想定して、心理臨床的な支援をしていくうえでの基本的な考え方を述べるとともに、子どもの発達段階や時代的な変遷も視野に入れつつ、筆者が実際に経験した事例を提示しています。

本書は全一三章を三部に分けて構成しています。各部と各章の概要は以下の通りです。

第Ⅰ部は、心理療法の理論的立場を超えた共通理解のために必要となる、親面接についての基本的な見方や考え方を、五つの章に分けて取り上げます。

一章では、子どもの問題を見立てて解決していくにあたって、親御さんを「パートナー」として位置づける協力関係を目標としています。しかし、子どもの問題についての親面接をしている支援者は、協力者になることの困難な親への対応に苦慮している実態があります。まずは、そのような現状についての問題提起をしています。

二章では、そのような困難な親面接において、どのような理解の枠組みをもって進めていけばよいか、段階を追って、見方を提示しています。ポイントは、子どもの問題で来談する親面接は、あくまで子どもを中心に見ていきつつ、親自身の課題や問題、さらには親自身の生育歴などに、全体の関心の三割を向ける姿勢で対応することです。その姿勢のとり方について具体的に取り上げてみます。

三章では、子どもの抱えている問題を把握するとともに、それに対応した親自身の問題把握の大枠を設定してみる見方を示しています。このような視点は親が子どもと関わる際の特徴を把握するために、カウンセラーに必要な視点になるかと思います。

四章では、子どもの発達段階における親の課題を明らかにしています。さらにそこには親自身のライフサイクル上の課題への直面化という問題も含まれていると考えられます。このような点についても、ここでは言及しています。

五章では家族の時代的・社会的な変遷について取り上げてみます。昭和から平成そして令和という新しい元号を迎え、家族形態も大きく変化しました。このような時代的な変遷も視野に入れた見方が親子関係を理解するうえで必要になってきています。ここでは各時代において注目された問題を取り上げることで、そのような時代的な変遷を浮かび上がらせていきたいと考えています。

第Ⅱ部では事例を中心に親面接について考えていきます。就学以前の幼児期から青年期までの事例、さらには親面接の途中で子どもの自死に直面した今少し複雑な事例を取り上げ、親面接の実践を具体的に紹介します。

六章では、子どもを愛せないと訴える母親との面接過程です。母親自身が境界例と診断され、治療を継続している経過の中で、子どもとの関係についての支援を求めて相談に来ていました。その面接過程の中で、子どもがプレイセラピーの中で表現する世界は、親に対する子どもの思いが強く反映しているように感じられました。これは、親面接をしている筆者にとって、子どもが表現している世界の中に、母親自身の思いや課題も託されて表現されているという思いを強くしました。このような母子の密接な関係の在り方について取り上げてみます。

七章では、児童期後期における子どもの直面する自己意識の目覚め、つまりは子どものアイデンティティの課題には、家族関係が大きく関わっていることを考えてみます。ここで取り上げる事例の場合、父親への思いが、そのような自己確認における意味を明らかにするとともに、母親にとっても夫婦や親との課題が含まれていることが面接過程の中で明らかになっています。

八章は、思春期の子どもの自立の問題を取り上げています。学校へ行けなくなった思春期の子どもの親面接において、親子にどのような変化があったのかが面接経過の中で明らかとなり、母親の期待とは異なる形で学校への復帰を果たしています。子どもが成長し、自立することについて、母親の思い描く姿とは大きく異なっていることが、まさに親から分離して自立していく姿を示していると考えられます。

九章は、普通科の高校で不登校になり、単位制の高校に編入し、そこでの留年が決まり卒業できなくなり、母親が相談にきた事例です。しかし、本人は来談せず、母親の相談も数回の来所で中断しています。このままでは長期のひきこもりになる可能性もあり、親との関係をとりつつ他の支援機関との関係も幅広くつなげる方向で支援を考えていました。本人と心理面接を継続することは難しい面もありましたが、支援機関や職場が本人の適性にうまく適合し、社会人として巣立っていくことのできた事例でした。一つの機関で面接を深める形で支援するだけでなく、多くの機関との連携や役割を現実的な視点で考え、支援していくことの必要なケースへの見方を提示しています。

一〇章は、長い年月の関わりのある母親面接の事例で、その経過には子どもの病理の問題の深さもあり、さらに結果として自死という不幸な結末を迎え、さらにその喪失感を自身の中でどのように償っていったか、長年にわたって関わった面接記録です。母親の人生に同行させてもらったという思いを強く感じさせる事例でした。人の一生について、どこまで支援者として関われるか、自ずと限界もありますが、このような人生の晩年の課題について開かれた視点を持っておくことも必要かと思い取り上げてみました。

第Ⅲ部では、心理臨床の世界ではなじみのある二つの物語を、親子関係の深層部分を解読する素材として取り上げています。神話として語り継がれている物語は、親子関係の持っている普遍性を表現している面と、時代とともに親子関係も大きく変わってきている中で、今という時代を映し出す鏡としての役割を果たしている面もあるように考えられます。

一一章ではオイディプス王の物語を取り上げます。この物語はオイディプスの悲劇的な物語としてみられていますが、運命に翻弄されながらも毅然と向き合っていくオイディプスの姿には、単なる悲劇を越えた、心を揺り動かすものをもっているかと思います。運命に流されずに真実に向き合いつつ「個の確立」をしていく姿は、現代に生きていく我々にとってもあるべき目標となる姿かと思いますし、心理臨床の実践は、このような「個の確立」を基本的なモデルとして想定しながら支援しているように思います。しかし、その「個の確立」が行きつく先に何があるのか、その先への不安が見えてきている状況も今の社会では起きてきているようにも思われます。個人として社会的な地位や名誉を手に入れても、いずれは老いていく現実に対し、その先に何を拠り所として生きていくのか考えていくことが課題としてあるかと思われます。

一二章では、オイディプス王の物語が目指している「個の確立」に対し、アジャセ王の物語のなかで表現される家族の在り方を取り上げ、家族を理解する別の視点を提示しようと思っています。死に直面した人の支えとなるのは他者との絆であり、このような絆を維持していくための「関係性の継続」という考えを、この物語を通じて理解していただけるのではないかと思っています。そして、それは心理臨床を実践していく上でも一つの指針となる枠組みになるのではないかと思っています。

一三章では、今まで述べてきた親面接について、要点をまとめています。

以上のような構成になっています。親面接について、ここで提示している考えや事例が、親対応にあたっている心理支援者やカウンセラー、教職関係者、さらには実際に子どものことで悩まれている親御さんの参考になれば望外の喜びです。

目次

第Ⅲ部　親子関係の二つの物語／本書のまとめ

第Ⅰ部

親面接の基本的枠組み

1 親面接とは

親面接の第一歩

親面接とは、子どもの問題で、親が相談に来ている場合の面接を一般的にいいます。その際には、来談者である親自身の問題ではなく、子どもの問題についての相談として対応することになります。まずは来談した直接的なきっかけとなっている子どもの問題について、どのような問題を抱えているか話を聞くことから始まります。その場合、両親で来る場合もありますし、父親が来る場合もありますが、継続的な面接の場合、一般的にはほとんどが母親面接になるかと思います。そういうわけでこれから述べていく親面接は基本的には母親との面接を想定しています。

例えば、母親が通常最初に語る内容は、「実はうちの子どもが学校へ行くのを渋りはじめて……」というように、現在抱えている子どもの問題についての話です。このような場合、まずはその問題がどのような状態なのか、さらには、どのようなきっかけで起こってきたか、その事実関係を聞くことから面接が始まります。つまりは、来談時点における子どもの状態について明らかにしていくことになります。

面接者（カウンセラー）は「お子さんはいつごろから学校へ行くのを渋りはじめるようになったのでしょうか？」などと問いかけて、さらには「きっかけとして思い当たることはあるか」、そして「現在の様子」、「今までの周囲の対応」について聞いていきます。「本人は学校へ行かないことを気にしているのか」、「普段と変わらない様子で過ごしているのか」、「自分の部屋に閉じこもっており、何もしないのか」、「パソコンでネットやゲームをしているのか」、「スマホで誰かとやり取りをしているのか」など、この年齢の子どもに一般的に想定されうる行動などを聞きながら、具体的な状態を把握していくことになります。

このように、親面接の第一歩は、子どもの今の生活場面での状態を話してもらうことから始まります。これは子どもの問題で相談に来ているわけですから、当然のことと言えます。しかし親自身も悩み混乱している場合もありますので、理路整然と話をしてくれるわけではありません。話は一貫せずに、あちこちに飛んで語られるのが一般的ですし、答えられない質問も多くあります。それを面接者が方向づけて取り調べのように聞くよりは、まずはある程度、親の話したいように、つまりは親自身の気持ちを汲む形で、語られる内容を頭の中で整理しつつ、先に挙げたような内容についての問いかけも加えていくように聞いていきます。面接者はこのようにして話を聞きながら、ある程度こちら側の枠組みをもって、その中に親の話した内容を当てはめて明確化していきます。つまり親面接は、親自身の気持ちに寄り添いつつ、子どもの問題や状態のより正確な情報を収集することから始まります。

まずは子どもの問題や症状を把握する

母親が子どもの問題を語るとき、その内容にもよりますが、非常に困惑しており、親自身が不安定な状態で面接が開始されることも多いです。そこで押さえておくべき点は、多くの母親面接で起こることですが、親自身が問題と思っている子どもの問題が、客観的に見てどの程度の問題なのか、あるいは親自身の思い込みの形で語っているところはないか、ということなどを見究めることが重要です。

特に専門知識を振りかざして、子どもの問題をそのような専門用語で説明して語る場合などは、それを額面通り受け取らないで、子どもの問題の事実を正確に把握することが求められます。最近では「うちの子は発達障害ですから」と言ってくる親御さんがいます。そう言う場合、医師の診断を受けたわけでないのに、どのような子どもの行動や特徴をもって、そう理解しているのかを押さえることが重要になります。客観的に見て、明らかに顕在化した問題であれば、その問題の状態や程度を押さえつつ、面接者は事実の時間的経過を把握していきます。

しかし、取り調べのような冷静な突き放した姿勢で、こちらから順序立てて質問して、子どもの状態について話を聞き出すことは、悩みや不安を抱えている母親の場合には通常難しいです。このような対応は、母親自身への負担感も大きく、かえって不安を引き出して、面接が負担になり、継続的な支援を実践することが難しくなる場合もあります。ですから、親自身がどのくらい不安やいらだちがあるのか、面接者とどの程度安心して話ができているのか、そのあたりの親の気持ちを把握しながら、例えば不安な気持ちがあるならば、なるべくその気持ちをほぐすような形で聞いていくように配慮することが必要になります。つまりは、親との間に安心できる関係をつくるような形で、話を進めていくことを心掛けるようにすることが最も重要になります。

この場合には、親の話す流れに沿って聞いていくことが一般的でしょう。ただ親御さんによってはこちらから聞いたほうが安心できる方もいらっしゃいますから、その際に話を聞き出す基本的なフォーマットとして、以下を挙げておきます。

- まず子どもがどのような問題を抱えており、親自身どのように困っているのか。
- その問題はどのようなきっかけで、いつごろから起きているか。
- その問題への対応として、今までにどのような経過をたどっているのか。
- その問題を生み出す要因としてどのようなことが考えられるか。
- 親自身がその問題への解決についてどのくらい動機づけがあるか。

以上の点を想定して、話の内容の中から、整理しつつ押さえていき、必要に応じて質問も行います。このように子どもの問題や症状を把握して、見立て（心理査定）に役立てるための情報収集をすることが親面接の第一の目的です。そのためには、次節に述べるような情報も重要な手がかりになります。

子どもの育ち方について

面接する側としては、子どもの問題や症状を把握した次には、その問題がどのような時間的経過の中で、どのような影響を強く受けて形成されたのだろうかと発達的視点から考えます。つまりは子どもがどのような育ち方をしてきたか、特に母親の場合は自身がどのような思いをもちつつ、子どもの育児に関わってきたのかを把握することが必要です。その中には、母親自身のさまざまな思いが込められて語られていきます。基本的に押さえるポイントとしては以下の点が挙げられます。

- 乳児期の身体的な生育状況や養育環境の把握。例えば、子どもの出生時体重、身体状況、母乳の出は良かったか、それとも人工乳か。
- 相談に来ている今の状態や親子関係の理解。例えば、子どもが生まれる前後の母親自身の心理的状況、子どもへの思いや期待、家族の状況など。つまりは子どもが生まれるときに、母親はどのような思いをもっていたか。
- 生育発達の各段階における標準的な課題をどの程度達成しているか。

詳しくはまた後ほど取り上げますが、面接者が子どもの年齢相応の発達課題に対し、どの程度達成できているか把握しようとする見方をもっていることは、現在子どもが出している症状を把握する一つの手がかりになります。これが現在の問題に対する決定的な要因の場合もありますし、多くの要因の中の一つである場合もあるなど、ケースによって当然違いがありますが、重要な視点です。

乳幼児期の体験は、一般的なフォーマットに沿った養育記録として各状況を把握していくところから理解できるところがありますが、もう一つ大事なことは、このような子どもの成長の各段階において、子ども自身の経験のあり方とともに母親自身がどのような体験をしながら子育てをしていたか、母親自身に当時の気持ちを内省し、語ってもらうことが重要です。もちろん、人によってはそこまでなかなか聞きにくい親御さんもいますが、それぞれの子どもの成長過程において母親自身が体験していたことを可能な限り把握することは、子どもの問題理解のための重要な情報になります。

当然、青年期以降の場合には、親が相談に来ない場合も多く、本人は自分の乳幼児期の生育状況について親から聞いていない場合も多く、詳しい情報は得られにくいかと思います。しかし、少なくとも中学・高校生くらいの思春期の子どもでしたら、このような情報を親面接の中から聞き出していくことは基本的に必要です。しかしやはり親御さんによっては、子どもの生育に関して聞いても、覚えていないと答える人もいますし、話すのを拒否する人もいます。それもまた一つの重要な情報として把握しておくことができます。

家族・親族との関わり

直接には本人の問題とは関係ないと思われる親もいるかもしれませんが、面接者にとっては、家族構成や、きょうだい関係も本人理解の重要な情報となります。

[きょうだい関係について]

本人が一人っ子か二人きょうだいの上か下か、さらに三人きょうだいの何番目かなどもそれぞれの立ち位置によって性格形成に大きく影響していることが考えられます。一人っ子の場合はどうしても両親の目が本人に向きやすいですし、二人の場合は上か下かで、また男の子か女の子かによって、親の子どもに対する期待や求める役割も一般的には変わってきます。親自身はそのような子どもに対する思い入れを自覚していない場合も多いようですが、問題を抱えている子どもの相談内容を聞いてみると、このような親の子どもへの無自覚的な思い入れが影響を与えていると思われる場合があります。

三人きょうだいの場合は、それぞれの立場によって、親から期待される役割の違いが顕著にあるのではないかと考えられます。例えば長子は親からの期待が大きく良い子の役割を演じてきたことで、そのことが苦痛になってきている場合があるかもしれません。真ん中の子は親からの関心を向けられることが少なく承認欲求の課題をもっている場合があります。末っ子は甘やかされている場合が多く、自立の課題が多くみられます。このような一般的な見方がどの程度、個々の事例に当てはまるかどうかは検討の余地がありますが、一応想定しつつ柔軟に修正しながら見ていくことが必要になるかと思います。

［夫婦関係、祖父母との関係について］

夫婦関係について、さらには祖父母との関係のあり方、両親の仕事や社会的な活動、親せきとの関係などについても、ある程度詳しく聞いていく必要があります。また詳しく後ほど取り上げますが、これらの視点に加えて、親自身の原家族との関係、子どもから見た祖父母の状況やその関係なども含まれます。

現在では、母親よりも祖母のほうが子どもの問題で積極的に相談室にいらっしゃるケースもあります。このような場合、「おばあちゃん」と言ったら失礼になるくらいの若々しい方もいますので、かつての祖母のイメージとは大きく変わってきている現実があるような気がします。このような母親や父親自身の親子関係のあり方を押さえておくことが子どもの問題を把握する上で重要です。

　さらに現在では片親家庭も多いですから、配慮しながら聞いていく必要があります。その家族状況や経済的な状況も子どもに与える影響は大きいかと思います。家族関係の変化が、子どもがいくつのときに起きたのか、その年齢によって影響する度合いは異なってきます。

【子どもを取り巻く環境について】

　子どもにとって、最初の社会的な場は家族ですが、少しずつ家族以外の社会的な場とも関わることになります。幼稚園児の場合は三歳児の年少から入園することが一般的です。保育園児の場合は、生後三カ月から入園する場合もあります。いずれにしても、できるだけ安心できる快適な養育環境が望まれます。

　いま非常に問題が顕在化している、母親による乳幼児虐待などでは、いつごろから保育園に入園していたかという時期が、その体験の度合いを測り、支援につなげる一つの目安になる場合もあります。つまりはそのような第三者からの社会的支援につながっていない母子が密着していた期間が長ければ長いほど、子どもが被った被害は大きいことが予想されます。

　さらには小学校や中学校など学校環境の与える影響もあります。今、小学校や中学校でいちばん問題になっているのがいじめの問題であり、このような問題を引き出す一つの要因として地域的環境の特徴なども影響すると考えられます。生活している住居のある地域的・文化的な特性を押さえておくことも必要です。

親面接の基本は子どもの問題の見立て

今まで述べてきたことは、子どもの問題で相談に来た親に対して、子どもの問題の具体的な状態について、子どもの生育歴について、さらには家族の環境、家族以外の学校や幼稚園をはじめとする子どもの社会的な環境について把握することが、実際にどのような枠組みで支援していくことが可能かを判断するうえで重要な情報になるということです。

つまりは、子どもの問題の理解、育ち方、家族の状況、所属している学校をはじめとした社会環境についての情報を得ることが、親面接の大切な役割になります。こうした幅広く子どもを取り巻く情報を把握することが、今後の見通しをより正確に把握し、支援していくために役立つと考えられます。それが見立て（心理査定）と言えます。

親面接の現実場面で起こっていること

ここで述べている親面接における基本姿勢は、あくまで親は子どもの問題を解決していくための協力者、パートナーとして考えています。しかし実際に親面接をしてみるとわかることですが、子どもを支援していくパートナーとしての役割をとるのが難しい親御さんもいらっしゃり、面接者側の想定しているような協力体制を設定しにくい場合が多くあります。継続的に子ども支援を行っていくうえで、親面接についての困難を抱えている場合が多くみられます。つまりは、ここで述べているようなマニュアル通りの情報を得たうえでの対応ができにくい現実があります。

筆者らの行った公立の教育相談室における親面接の実態調査（永井他、二〇〇八）では、親面接を担当している相談員八六名の方を対象に、子どもの相談と並行して実施している母親面接について、親自身が心理的な問題や症状を抱えていると考えられる人がどのくらいいるかを調べてみました。その結果、八六名の方が担当していた親面接のケース一六七六例の中で、母親自身が問題を抱えているケースが五〇九例あり、おおよそ三〇パーセントであることが明らかになっています。その中で、実際に母親が医療機関で治療を受けているケースは二〇八例（一二・四パーセント）、さらにその内訳としては、うつ病圏六三例（三・八パーセント）、人格障害圏四五例（二・七パーセント）でした。これは一〇年以上前のデータであり、現在の社会状況、例えば虐待は一九九〇年から二九年間連続して増加していて二〇一九年度では一九万三七八〇件報告されていること（厚生労働省、二〇二〇）や、片親家庭・貧困家庭の増加などを鑑みると、もっと多い可能性は十分予想されます。

そこから見えてくることは、子育てをしている親自身が置かれている個人的、家族的、社会的な状況を踏まえた支援を行っていく必要性が求められるということです。親面接を行う場合、あくまで子どもの問題を中心とし、親自身の課題や病理は別の支援につなぐよう対応するというかつての原則は、現在では当てはめることが難しいケースが増えているように思われます。母親自身の心理的、経済的、対人関係的、社会的などさまざまな要因の影響によって、子どもの養育が困難になっている状況があります。このような現状における親面接にどのように取り組んだらいいのか、本書ではそのヒントになる考え方や見方を少しでも提案できればと考えています。

●文献

厚生労働省（二〇二〇）「子ども・子育て児童虐待防止対策ホームページ」https://www.mhlw.go.jp/content/000696156.pdf
永井 撤・平林 小由利・安藤 奈々子（二〇〇八）公立の教育相談室における親面接の実態について．人文学報．三九五号、一五〜二六頁．

2 親面接の構造と関係をどう考えるか

ここでは、親面接における見方を後述するような三段階に分けて考えてみます。また、親面接の構造について、親子の相互関係の調整について、さらには支援者としてのカウンセラーとの関係を含めた展開について、それぞれ図を提示して整理してみます。これはあくまで便宜的なものであり、実際にはこのように厳密に分けて話を聞くわけではありませんが、一応頭の中でこのような枠組みをもっていると、親面接で話を聞きながら、その内容を整理するうえで役立つのではないかと思います。

第一段階――親との協力を前提とした対応

親面接は子どもの問題を主訴として来ているわけですから、一章で前述したように、基本的には、その主訴となる子どもの問題をどのように見立てるかということから始まると考えられます。そして、親面接担当のカウンセラーは、子どもの問題を解決するための、あるいは問題の改善を期待することの協力者として親を位置づけようとします。

この関係を図示したものが図1です。カウンセラーと親はともに問題を抱えている子どもを支援する立場にあり、図のようにベクトルはともに子どものほうを向いています。ちなみにここでの親は基本的には、親面接において一般的に実践されているような母親面接を想定しています。当然ですが母親の語りの内容は子どものことが中心になり、カウンセラーはその語られる内容をもとに、子どもの問題を見立てつつ、問題への対応を親との面接場面で伝えていくことになります。この立ち位置からみた親面接において、カウンセラーは目の前の母親自身のことよりも、その母親から語られる子どものことに意識を集中します。そして、親に対しては子どもへの対応の悩みや困りごとを受容的に傾聴し、その大変さを慰労しつつ、信頼関係をつくりながら、子どもの問題の理解と対応をコンサルテーションしていくことになります。つまり親面接の基本構造は、子どもの立ち位置を親自身とカウンセラーとの間に想定した三者関係としてとらえています。

このように、第一段階では、子どものあり方に最大限注視し支援するために、親との協力関係があることが前提になります。カウンセリングにおけるカウンセラーとクライエントという通常の二者関係の場合、目の前の相手の問題や課題について考えていくわけですが、親面接では母親の話に出てくる子どもがどのような問題なり特徴なりをもっているか、その話の中から組み立てつつ聞いていきます。親面接というあり方自体が、このような三者関係の視点を置く形を基本的にはとっていると考えられます。そこでは図1のように、母親とカウンセラーが相互交流できる関係が重要になります。

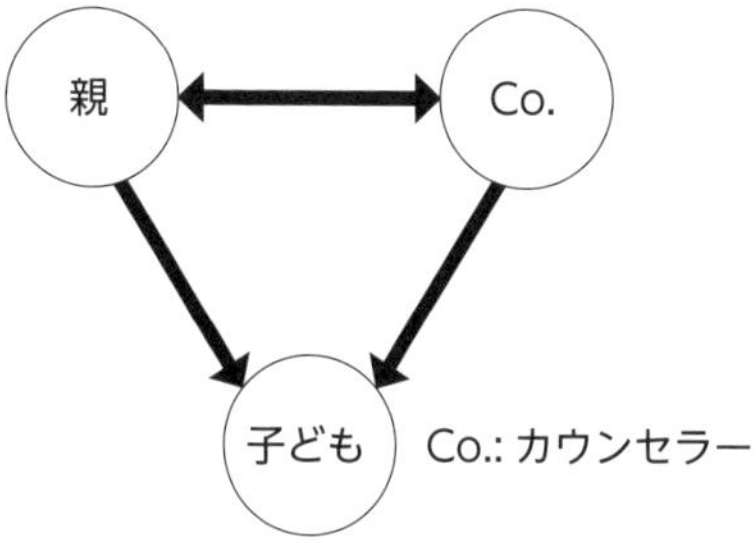

図1. 子どもを中心に

この関係がスムーズに展開していくには、母親がカウンセラーを信頼してくれるかどうかにかかっています。そのためには次の二つの点が重要になります。一点目は、カウンセラーが母親自身の大変さをわかってくれる人であること。二点目は、子どもの問題に対する理解と自分の対応についての適切な指示をカウンセラーが与えてくれることです。この二点が、母親にとってカウンセラーが信頼できる人かどうかの目安となります。ここでは子どもの問題についての母親の納得できる「見立て」の技量が求められます。つまり一章で述べた子どもの問題、置かれている環境、今までの歩みなど、子どもについての情報収集は、全般的に、この図1のような形で進んでいきます。そこでのカウンセラーと親との関係は、繰り返しますが、子どもの問題の見立てにおける基本的情報などを説明しながら、子どもへの対応をともに考えていく協力者としての関係です。子どもの特性や病理に合わせて受容的・養育的な対応を重視するのか、あるいは教育的・指導的な対応を重視するのかで、その対応の仕方が大きく変わってきます。さらには個別の事情に沿った形で、それぞれの子どもの問題や特性に合った対応を考えていくことになります。つまりは子どもの支援の全般的なマネージメントと、周囲との連携が必要な場合にはそのような活動もとることが、第一段階の親面接で中心的に取り組む内容です。

第二段階——親と子の関係調整を中心に取り組む

ところが実際には、そうスムーズに親面接の協力体制が前提としてつくられることが困難な場合も少なくありません。それは親自身のさまざまな感情が面接場面において出てくることに伴って、カウンセラーへの不信感が容易に生じてしまい、心を開いて話すことが難しい場合が多くあるからです。ですから親面接においては、子どもの状態把握だけではなく、その子どもに関わる母親自身の感情、例えば怒りや罪悪感など、さまざまな思いへの丁寧な対応が求められます。つまりは子どもを独立した対象とみなして問題を分析し、親に説明し、マニュアル的に指導するのではなく、親子関係そのものを課題として視野に入れ、子どもと親自身との関わり方をどのように変えていくことが子どもの問題の解決へとつながっていくだろうかという視点をもって、面接を進めていくということです。親面接を継続していると、カウンセラーの指示に従ったマニュアル的な対応だけでは子どもの変化がみられず、このような視点へ移行する場合があります。この場合、子どもの問題を把握する側面に加えて、親との関わりがどのような影響を子どもに与えているか、親自身による内省が求められます。このような内省なくしては、母親自身が自らの関わり方を修正していくことは難しいです。

現実に、子どもの問題の相談を受ける親面接において、学校では勉学や友人関係において特に問題はないのですが、母親に対して反抗的な態度をとり、手がつけられないと訴える問題で来談される場合も少なくありません。特に思春期に入った中学生などの子どもの問題で相談に来られる親御さんにみられます。このような問題などが、ここで取り上げている第二段階の親面接のあり方につながってきます。そこでは父親との夫婦関係のコミュニケーションのズレも大きな問題として語られる場合もありますし，父親と子どもとの関わりが問題になる場合もあります。つまりは家族の相互の関係を視野に入れた支援が必要になります。例えば離婚し，現実に父親が不在の場合でも，どのように父親のことを子どもと母親が話し合えるかが大きな課題になる場合もあります。

この段階では，カウンセラーは親に子どもへの対応を指示しても，なかなかそのとおりに親が実践することが難しい場合が多いです。子どもとの関わり方や関係を修正していくためには，子どもの葛藤を含めたさまざまな思いを把握し，感情を整理することが母親自身に求められることになります。そこでは夫婦ともにカウンセリングが必要になる場合もあるかと思います。子どもの変化を願うのであれば，親自身も子どもへの思いや考え方を内省的に振り返り，関係の持ち方を修正していくことが重要になってきます。そのためには，カウンセラーは図2のように，家族の相互関係を含めた形で子どもを理解しようとすることになります。

ときには父親が面接に登場することもあります。それは家族の関係が大きく変化するきっかけになる場合もあります。この場合，子どものことに注目するだけでなく，目の前で子どもについて語っている母親が，子どもとの関わりにどういう特徴をもった対応をしているかを把握しながら話を聞き，そこから，母子が相互にどのような影響をしあう関係になっているか把握する視点が必要になります。もちろん父親が来た場合にも同じ視点が必要になります。具体的には、子どもの行動や語りの言葉に対し、親自身がどのように感じて、どのように返したか、そのようなやり取りを面接の中で検討しながら、親自身が子どもの気持ちへの理解を深め、子どもとの相互理解が深まる対応が可能になることをめざす面接です。このようにして親と子どもの関わり方、具体的なコミュニケーションのとり方を検討する中で、子どもの気持ちへの理解を深め、そこから自ずと生まれてくる対応を母親自身・父親自身が身に着けられるように支えていきます。

　さらには、現実的に、例えば相談に来た待合室で親子がどのように座りどのような会話をしているかを注意深く観察するだけで、二人の関係のある側面について、面接場面で得られる情報とまた異なるレベルの貴重な情報が得られるかもしれません。例えば、親子のやり取りを通じた中で、子どもが求めていると考えられる要求に対し、親がどうしてもうまく向き合いにくい場合があったとします。その場合に、ただ繰り返し対応の仕方を親にマニュアル的に説明するだけでなく、そのような対応になってしまう要因として、例えば、親

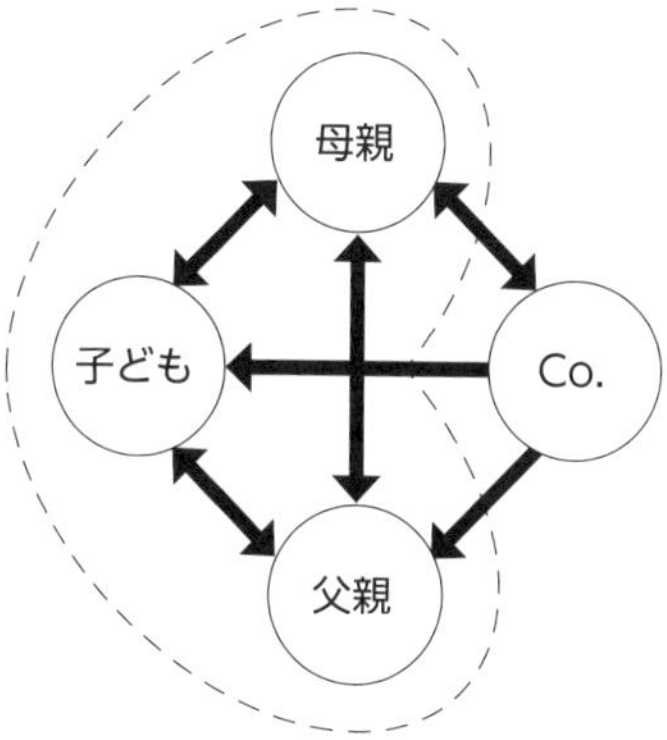

図 2. 家族の相互関係を含めて

自身が自らの親から同じような対応を受けていたことに気づくことが、現実的な親子関係を修復していく手がかりになる場合があります。

ただそこに親の側の問題や課題が内包されていると、そう簡単に修正しにくい場合もあります。さらに視点を深めれば親自身の病理が子どもとの関わりによって顕在化していると考えられる場合もあります。それが次の第三段階になります。

第三段階——親自身の課題や病理への対応

次に見る視点としては、親自身の内面的な課題に比重を置く形で親面接を扱わざるを得ない場合です。図3にあるように、親自身が自分の親、特に母親自身が自らの母親とどのような関係であったかを振り返ることが、子どもとの関係を考える大きな手がかりになります。これは基本的には母親面接の場合になるかと思います。特に虐待の問題で注目された世代間伝達という言葉がありますが、「子どもは親の期待するようになるのではなく、親のようになる」（神田橋、一九九〇）という言葉にもあるように、親自身が自らの親子関係で体験したことが、子どもとの関係で多く生起しており、親自身が自らの親との関係を振り返ることが子どもとの関係を振り返るきっかけになり、子どもとの関係を修正していく手がかりになるという考え方です。

しかし、子どもの問題を相談しに来ている親にとってみれば、母親自身の内面まで踏み込んで取り上げようとすること、つまり親自身の親との関係について問うたりすると、どうしてそこまで話さねばならないのかと疑問を感じ、警戒心をもつ方もいます。特に自身が親との間にさまざまな葛藤を抱えている場合や、目の前の子どもの対応で心の余裕がない場合などでは、自分が責められているように感じて、心を開かなくなる親御さんも多くいるのではないかと思われます。そういう親御さんには、まずは余裕の持ない気持ちに寄り添って聞くことが大切かと思いますが、とりあえずそのような支援が必要になる場合もあることを頭の片隅に忘れずにもっておくことが重要です。

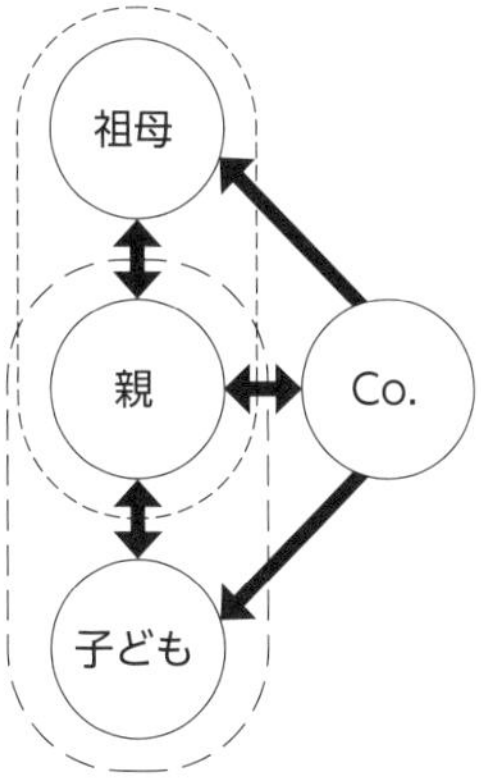

図 3. 三世代の親子関係を見据えて

実際多くの親が、まったく気づかないうちに、親からされたことを子どもにしていることは多くあります。少なくともそれが虐待のように子どもの生存を脅かすような問題になる場合には、一時保護のような外的な介入を想定して関わっていく必要があります。そこまで重い問題でなくても、だれでもそのような親から引き継いだことを子どもに対して同じような形で出してしまう場合や、まったく親のようにはなるまいと最大の努力をしながら、結果として同じような行動をしてしまう場合も多くあります。まずはその事実に気づくことが、問題を改善していくための手がかりになります。このような問題に向き合うためには、カウンセラーとの関係の深まりが確実に関係してきます。さまざまな思い、さまざまな情動をカウンセラーとの関係の中で体験し、語る方もいます。情動レベルの相互関係のつながりが展開する中で、そのような気づきはより深まっていきます。

このような親自身の親子関係の課題が、子どもとの関係に反映され得るという問題は、それぞれの年代によってその出方が変化します。個人的なライフサイクルの課題は、親子のそれぞれの発達的な課題に沿って顕在化します。つまりは自らの親との間で、どのような関係で育ってきたのかという親自身の育ちを把握することも大事な指標になります。子どもの生育歴と親自身の育ちとを二重構造で把握することが重要になってきます。これは理屈ではわかりますが、実際にどのような聞き方をすればよいのかは、なかなか難しい問題です。面接者はそのような視点を自分の中にもちつつ、基本的には子どもと母親との関係について話を聞きながら、母親自身の親についての話が出てきたときに取り上げるのが一般的な対応方法かと思いますが、こちらからの問いかけが、その課題に向き合うきっかけになる場合もあります。特に思春期の子どもとの関係について、その対応に悩んでいる母親との面接をしている場合、「お母さん自身は、どのような中学生であり、お母さんとの関係はどうでしたか」とこちらから問いかけてみる場合もあります。そのような問いかけが、母親が自身の親との関係のあり方に気づくきっかけとなり、さらに子どもの気持ちの理解を深め、対応を変えていくことになる場合も多くあります。

以上に述べている三つの段階は、そうきちっと分けて考えられるものでもありませんが、面接をする側がこのような視点をもっていることで、親面接の中で話される内容を明確化し、整理するための手がかりとして役立つことになるでしょう。

子どもの問題と親自身の話題は7対3をめどに

親子並行面接において、子どもについてと、母親自身についての話は、私の経験からいうと、基本的には7対3くらいの割合で聞くことを心掛けておくことが目安になるかと思います。事例によっては、もっぱら自分の話に重点が移り、話の比重が逆転して、ほぼ親自身の問題についての語りが中心になる場合もあります。子どもは来ないで親だけが相談にくる場合は往々にしてそうなる場合がありますす。特にひきこもりで本人に外との関わりがまったくない場合などは、そのような形でも親とつながることが、支援のための第一歩として重視すべきです。一章でも述べたように、親自身が問題を抱えている場合に、ある程度その問題について話を聞いて対応することが結果的には子どもの支援につながっていく場合も、この枠を超えるかと思われます。

しかしいつも子どもへの支援という視点は忘れずに、第一段階の対応が親面接の目標であると思っていることが重要かと思います。

●文献

神田橋條治（一九九〇）『精神療法面接のコツ』岩崎学術出版社

3 子どもの問題と親の課題の見立て

子どもの問題の見立て

繰り返しますが、親面接は子どもの問題で相談に来ているわけですから、基本的には子どもの問題をまずは見立てて把握する必要があります。それから親自身がどのような人であり、どのような課題をもっているかという見立てを、親面接をするカウンセラーはもう一つの視点としてもつ必要があります。二章で述べたように、親と子の問題や性格、生育歴などを把握するためのカウンセラー側の比重は子ども7に対して親を3くらいの目安に置くのが、適切ではないかと思います。もちろん事例によって、その比重は変わってきます。親が自身のことを五割以上語る場合もあります。しかし、面接者の意識的な比重としてはあくまで7対3で子どものことを中心に話を聞いていき、もし3対7以上に逆転してしまうなら、別に親自身が支援してもらえる相談機関などを話題として取り上げてみることや、あるいはその前提としての面接の構造、あり方について話し合ってみる必要もあるかもしれません。一応そのような姿勢をもちつつ対応について述べていきます。

まず、一般的な心理面接のとらえ方を確認してみます。親への対応を考えるうえで実際に必要になるのは、子どもの問題や症状の把握です。これについては、一章で述べたように、子どもの病理、人格的な特徴、生育歴、さらには本人を取り囲む環境的要因などの視点から情報を収集し、今後の見通しを設定していくことが関係します。

さらに付け加えると、それは子ども本人との関わりによる特徴の把握や検査によってなされます。特に最近の子どもの問題は、発達障害という概念が中心に扱われており、その場合には、知能検査の結果が必須の情報であるとみなされています。さらには、なるべく客観的に把握できる行動レベルの障害や身体症状の訴えなども正確に把握することが見立ての場合に必要です。

素質か環境か

子どもの心理的な問題が診断されるときに、親が最も気になる点は、その原因を知りたいということではないでしょうか。その場合、もともと子どもが生まれながらにもっている遺伝的な素質によるものなのか、環境としての育ち、つまりは親の育て方に大きな要因があるのか、さらに、その二つの要因のうちどちらが大きく影響しているのか、ということは大きな関心事であり、これは親にとって非常に切実な問題です。

そこには子どもに対する親のさまざまな思いが込められているかと思います。精神医学的診断の基準として現在日本でも幅広く用いられているＤＳＭ－５（アメリカ精神医学会発行）では、症状を分類する（見分ける）ことに重点があり、このような原因を探求しようとする見究めはあえて取り上げていません。そのことにはそれなりの専門的立場からの理由がありますが、われわれは常識的には、問題を起こした場合、まずは原因を調べようとします。例えば発達障害と診断される子どもたちについて、文科省の指導要領、二〇〇五年に制定された特別支援法では明らかな「脳機能障害」と記述されています。しかし、その機能障害がどのような形で形成されるか、解明されていない面も多くあります。

一般的には、自分の子がそのような生まれつきの障害に原因があると言われた場合、親としては受け入れることは難しくなるでしょう。このような受けとめ方の違いは、その後の対応に大きな違いを生み出す可能性があります。例えば、遺伝であるということは、「もうこの問題は変わらないのでは」「うちの子は普通の子と同じようにはなれないのか」という思いに母親を直面させます。それはある親にとっては、このような子どもを産んでしまったという負い目や罪悪感を覚えさせることになります。実際にそのために親族や周囲からのプレッシャーを強く受ける場合もあります。またもう一つの見方からすると、遺伝的負因が大きいと言われることで、自分の育て方の問題ではない、生まれつきこういう特徴があったのだと思い、その原因が育て方にあるというとらわれから解放されて、ホッとする母親もいるかと思います。

環境的な要因によって形成されるということは、裏を返せば、関わり方によって修復する可能性がある、いわゆる普通の子のようになる、という期待を親に強くもたせます。他方、遺伝的な要因であると言われることは、前述したように自分の育て方のせいではないということで、自分を責める気持ちから解放されます。しかし、もうずーっと基本的には変わらないということで、普通の行動ができないことをどのように受容していくかという課題に直面します。もちろん実際には、そんな簡単には割り切れませんし、遺伝的な要因が強く影響する場合においても、子どもが成長し、変化していく可能性はあります。しかし、このように遺伝か環境かと見分けてみることは、実際にどのような点を重視しているかという今後の見通しについての構えを示しており、子どもへの関わり方の姿勢に影響を与えると考えられます。次に子どもの問題を大枠でまとめた見方を取り上げ、それぞれについての母親への対応を考えます。

子どもの問題の基軸

子どもは成長過程にあるもので、その成長する力は、時間経過の中で変化していく可能性を秘めています。しかし、その中で親子関係のあり方は特に大きな影響を与えている可能性がありますので、生育歴や、各発達段階における課題に本人がどのくらい取り組み達成してきたかを押さえておくことは、今後どのような対応をとれば改善する可能性が高いかを把握する意味でも重要です。養育的な問題や、ある時期の環境からの影響が子どもの体験に影響したといえるならば、心理療法的な関わりが有効に働く可能性をもっていると考えられます。

子どもの問題をとらえるもう一つの基軸は、滝川（二〇一七）の提示している図4が参考になります。この図には、子どもの時系列的な対人関係と認知の成長過程が示されています。認知機能の成長は、子どもが本来もっている成長する力であり、遺伝的に規定されている面を多く抱えており、さらに対人関係軸は、環境的な要因が大きく影響していると考えることができます。この二つの能力の成長は遺伝と環境によっており、互いに微妙に影響しながら、その力を伸ばしていくものと思われます。個人差はあったとしても、その子なりの対人関係を形成していく可能性を秘めており、それをサポートすることがその子の全般的な成長をより活性化し

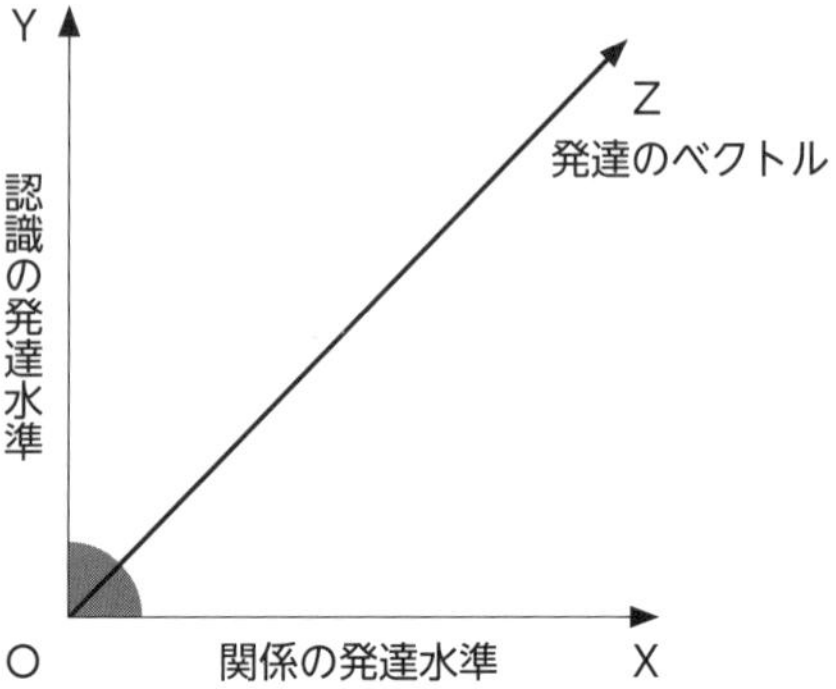

図 4. 子どもの発達のベクトル（滝川, 2017）

ていきます。

このような問題をもっている子どもに対して、母親がどのように対応できるかは、母親自身の潜在的なスキルの面が関わっているかと思いますし、そのような母親自身の特性が養育に影響を与えていく可能性があります。支援者はそのような母親の特性を把握して支持していくことも重要です。

親自身の問題を課題としてみる

子どもの問題や症状を把握していく一方で、母親自身の問題や人格的特徴・生育的背景、母親を取り囲む社会的・家族的環境など、このような視点からの情報を基にして、見分け、見究め、見渡して、見通しをもった見立てを仮定することが理想です（永井、二〇一三）。そのために、親面接では子どもの情報把握が主であり、母親自身の情報は従という位置関係、つまり前述したように7対3の割合で押さえておくのを心掛けるのが基本姿勢です。このような点を踏まえつつ、親面接の中での母親理解のポイントを取り上げてみます。

母親の心理的な問題をとらえる大枠の見方を四つの領域に分けて図5に示しました。しかしこのような分類は、親の問題としてみるのではなく、親の課題としてとらえるという見方が重要です。子どもの問題であれば今少し詳しく把握し、分類する必要もあるかと思いますが、親の場合は細かい問題把握をするよりは、大枠として、どのような問題をもつ人であるかを見分けてとらえてみることが手がかりになります。そして、それは問題ではなく、課題という発想でみます。このようなとらえ方によって、親の子どもへの関わり方の特徴を把握するとともに、親自身が対応を修正できる可能性がどの程度あるかの見通しを把握できるかと思います。親を問題や病理を抱えたクライエントとしてみて対応するのではなく、あくまで子どもの支援を中心にみた場合、親の問題とみるより課題という形で取り上げることが、親自身が受け入れやすくなります。なおかつ子ども中心に対応を考えるのみでは不十分で、親の対処の仕方をカウン

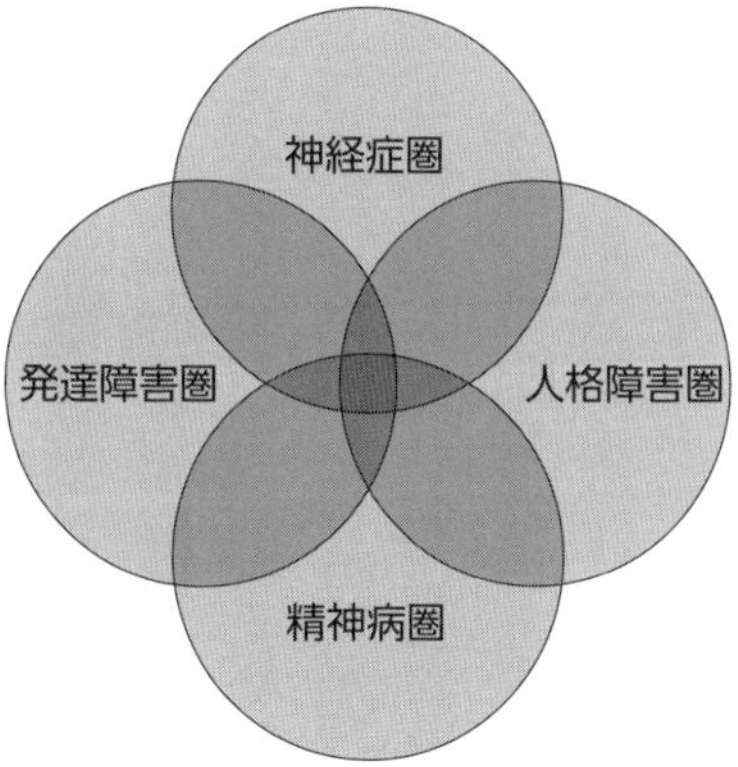

図5. 親の課題（病理）の分類

セラーが親の問題としてみると，しばしば批判的にみてしまうことがありますし，親の側も被害的な気持ちをカウンセラーの対応から感じてしまいます。このような緊張関係を避ける意味でも，親の特徴を把握しておくことは重要です。さらには親自身の苦しさをサポートしていくうえでの手がかりにもなります。親自身も病んでおり，苦しんでいることへの共感は子どもを協同して支援していくうえでも必要です。

また親の抱える問題の重さや深さは，ある面で子どもの問題とのバランス関係があります。親が重い病理性を出している場合，子どもはむしろ落ち着いて問題を大きく出さずに，逆に親が問題を抱えつつ取り繕って社会適応をしている場合のほうが，激しく子どもの問題が顕在化している場合があります。その点，親子の問題はシーソーのようで，バランスある力関係が問題の出し方に見受けられる場合があります。あくまで子どもの支援における親面接では，このように親の問題を課題としてみる姿勢をもつこと，それはあくまで7対3の目線で面接中の親自身についての話を聞く姿勢が安定したバランスのある関係につながって行くと考えられます。

親自身の課題・特性把握の四つのタイプ

図5に示した大枠に沿って，親自身の課題・特性把握の見方を引き続き詳しく述べます。親

自身の特徴にもし問題が見受けられる場合に、神経症圏、人格障害圏、発達障害圏、精神病圏のいずれに属するのかをおおよそのレベルで把握することは今後の対応を考えていくうえで手がかりになりますし、見通しも異なってきます。

［神経症圏］

一般的に、きちんとしていて周囲の目を気にしており、他者との比較を気にして、子どもはこうあるべきという規範や道徳観を強くもっている人といえます。そのような規範に沿った行動に対する子どもからの反発や反抗などを気にして悩んでいる場合があります。自分自身への不満足感を強くもっており、夫婦間の葛藤をもっている場合も多々あります。いずれにしてもそうした欲動を強く抑圧しており、さらには抑圧しきれない葛藤が見え隠れしている場合が多くあります。規範的に社会に適応していこうとする力は強くもっており、それがわが子に対して支配的・抑圧的に働いているといえます。

かつて「過保護・過干渉」という言葉が使われたことがありました。このような対応をする母親はこの分類に当てはまります。母親自身がこうあらねばならないという規範的な枠から、今少し自由に子どもや自身を見られるようになることで、ずいぶん楽になれます。カウンセリングによる気づきや親自身の変化が最も期待できる可能性があるでしょう。

【人格障害圏】

一言で言うと親自身が安心した基本的な信頼感をとりにくい人と考えられます。このような課題を抱えているために、子どもとの間にもまた安心した信頼関係をとりにくい人といえます。この人格障害という診断名に当てはまる中には、今日では重度の愛着障害と考えられる人も多くいます。また周囲のちょっとした不用意な言葉かけに傷つき、過剰に被害的に受け取り、反応する場合があります。このような母親は、自身が親との間に十分な愛情を受けていない不安定な関係をもっており、親から虐待に近い体験を受けている場合もありますし、非難され無視されることに強度の不安を感じ、過剰に被害的になります。一般的には、自身の抱える親との問題が子どもとの関係に反映していると考えられます。子どもの問題で相談に来ても、子どものことより自分自身の大変さをまずは訴える場合、このようなタイプの母親が多くいるように思われます。何かとクレーマー化したりして難しい対応を求められる場合もあるかもしれません。一人のカウンセラーがすべてを引き受ける関わりをもつと関係がこじれる場合が多くありますので、支援者側がチームをつくり分散して、例えば、子どもがまだ学校に通っている場合、担任、養護教員、学年主任や管理職、さらにはスクールカウンセラーとも連携をとりながら母親のカウンセリングを進めていくことが重要かと思います。

【発達障害圏】

親自身が独特のこだわりや偏りをもっており、それが人との関係やコミュニケーションのとり方に影響を与える場合もあります。親自身が情緒的な気持ちの理解がしにくく、当然ですが、子どもとのコミュニケーションがとりにくくなります。このような特徴をもっている場合、親子での類似性がみられる場合が多くあります。しかし一方で、母親は非常に熱心でコミュニケーション能力も高く、特に人格的な偏りもみられない場合もあり、その場合はやはり父親に子どもと同じような傾向がある可能性があります。しかし、社会的な活動ができている父親の場合はそのような診断を当然ながら受ける可能性はなく、人との付き合いがあまり得意なほうではない人とみられている場合があります。さらには、一概にこのような遺伝的な負因が働いていると単純にはいえない場合も多くあります。しかし、子どもへの関わり方について、何度説明しても同じ繰り返しになり、親自身が内省的にとらえにくい場合があります。このような場合には忍耐強く教育的に関わり、具体的な対応を簡潔に紙に書き出してみるように勧めたりして、目に見える形の取り組みを実践していくことが重要になってきます。子どもへの対応や支援の可能性について、カウンセラー側の限界を親に明確化しておく必要があります。

［精神病圏］

親自身が精神病圏の問題をもっている場合には、基本的には医療的ケアが親自身になされている場合が多いですから、そのようなサポートがまずはどのようになされているか、医療機関との連携をとることが重要です。主に統合失調症を基本とする問題なのか、躁うつ病を中心とする問題なのかによって、その対応も変わってきます。親の中には、特に父親がそのような問題を抱えている場合、母親は語ることに抵抗を示す場合もあるかと思いますが、できるだけそのような大変さを共感しながら信頼関係をつくることをまずは目標に設定して取り組みつつ、家族の問題が子どもにどのような影響を与えているかを明らかにしていく必要があります。子どもは親が思う以上に、親のことを心配し気を遣っており、心を痛めている場合も多くあります。そのことを非難的に受け取られないように説明し、一緒に考えていきましょうという姿勢をつくっていくことが重要になります。

この四つのタイプのいずれかによって、関わり方の姿勢が幾分変わってきます。それぞれの病態圏にはっきり見分けができる場合は、対応の方向性も比較的明確にもちやすいですが、問題はこの図中で重なっているグレーゾーンに属する親への対応が難しいことです。特に最近は人格障害圏と発達障害圏が重なった人への対応は、難しいものがあります。人格障害圏とみていた人の問題を、発達障害圏の問題としてみた場合、了解可能な側面もあり、それによって支援者であるカウンセラーが親の話を受容的に聞きやすくなる場合もあります。

いずれにしても、このような診断、見分けをする意味は、親面接の場合、直接的にその病理を治療するためではなく、むしろそのような特徴をもっている親御さんであることを踏まえつつ、子どもにとって可能な支援を考えていくことが必要となります。親のできることやできないこと、了解できる範囲での支援を考えていくことが重要になります。しかし、子どもに対する支援のために、当然ある程度は親の病理を扱わざるを得ない場合もあるかと思います。その場合の基本姿勢は、親とカウンセラーの二者関係的な支援ではなく、あくまで子どもを間に入れた三者関係を前提にした支援であることを踏まえておく必要があるでしょう。

●文献

永井撤（二〇一三）『心理面接の方法：見立てと心理支援のすすめ方』新曜社
滝川一廣（二〇一七）『子どものための精神医学』医学書院

4　子どもの発達段階に沿った親の課題

子どもは時間とともに、身体的にも心理的にも目に見える成長をしていきます。同じ一年でも、その間の心理的な体験の質は子どもと大人では相当に違いがあり、親自身の体験の実感よりもずいぶんと早く成長していくことを親は自覚する必要があります。つまりは、いつまでも同じ対応をしても適切とはいえず、子どもの成長に沿った対応が求められます。ここでは、子どもの発達段階に沿った課題を押さえるとともに、それぞれの段階に即したどのような対応を親が求められるかを考えてみます。

それは、親として子どもへの対応を求められるとともに、子どもに向き合うことで、かつて自分も経てきた乳児から現時点までの一人の人間としての時系列的な体験を意識的・無意識的に振り返る側面もあるかと思われます。つまりは、子どもの発達段階に応じた自らの歩んできた今までの生育体験が触発されることがあります。それは子育てをしている親にとって、自身の子ども時代を今一度振り返って体験しなおす機会であり、それぞれの発達段階における課題や問題に直面化する機会になる場合もあります。例えば虐待問題でよくいわれる世代間伝達は、自分の親から虐待された体験が意識的・無意識的に表出している病理的な行動として理解できる面があります。

ここでは、子どもが直面する発達上の課題を取り上げ、それに対応した養育者としての親の課題について、①乳幼児期、②児童期前期、③児童期後期、④思春期前期、⑤思春期後期から青年期前期、⑥青年期後期から成人期、の六つの段階に分けて考えてみます。

乳幼児期（子どもが小学校に上がる前）

この時期に最も問題になるのは、親の子どもへの養育的関わりのあり方です。この問題は、親と子を分けて論じるよりはむしろ一組のペアとして考える見方もあります。特に一歳前後までは親の全面的な保護と養育が必要です。この時期の体験が非常に重要な影響を子どもの成長に与えることは、発達心理学や精神分析をはじめとして、乳幼児の精神医学の中でも取り上げられていますが、最近では脳科学の視点からも、この時期の体験の重要性が明らかになってきています。例えば虐待などによる生死に関わる恐怖を体験した場合、脳のシナプス連合の形成に大きな影響を及ぼし、それは情動的な体験の対応のあり方にも大きく影響を及ぼしています（ヴァン・デア・コーク／柴田訳、二〇一六）。

このように、乳幼児期における不適切な対応は、人間の精神生活における基本的な活動の形成に関わる問題をはらんでいるのではないかと思われます。つまりこの段階では、親が子どもに対して全般的安全感と生理的な満足感を含めた保護的な環境を提供することが重要な課題となります。それは親が子どもを物理的・身体的に守ってあげるとともに、心理的には情愛的な交流を含めた関わりをすることになります。そのためには子どものさまざま多面的な要求に応えねばならず、すべてに愛情深く受容的に関わるのは現実的に当然困難なこともあります。特に親自身が十分な愛情のある安心した養育体験の乏しい場合、つまりは安心感や満足感が欠如している場合には、そのように対応することが困難な課題として直面させられることになります。

子どもへの養育的関わりは、モノ的なレベルだけではなく、行動において、さらには情緒的な交流も含まれています。愛着と呼ばれる身体的な接触も含めた安心できる関係は、子どもにとっては満足感と安心感を十分に受ける体験になります。このような体験を十分に満たすことにより、成長し自己コントロールする自律性が目覚め、徐々に子ども自身が自己抑制し、外部との折り合いをつけていく力を身につけていきます。さらに子どもは成長するにつれて、二者関係から母親・父親という三者関係の存在について、父親・母親のそれぞれの性の違いを自覚することから自らの性について気づくようになり、このような関わりの中から親自身が祖父母の世代から引き継いでいる社会的・文化的規範や価値観などを取り入れていくと考えられます。

このように、ヒトは他の哺乳類とは異なり、身体面の発達のみならず、文化的・社会的に非常に複雑な組織への適応を果たしていかなければなりません。かつては多世代同居によって受け継がれてきた子育ての文化的継承は、高度成長の時期から核家族が増加するにつれて、大きく変容してきています。その世代がいまや祖父母の時代となり、子育ての家族的形態が大きく変わり、家族支援の受けにくい状況が生まれてきています。このような現実的な社会的状況の中で、公的機関による、子どもへの養育に関する支援の取り組みは、福祉領域における子育て支援や働く母親のための保育園の充実など大きな課題となっています。

児童期前期（小学校前半）

幼稚園や保育園の時期から、集団行動なり、規範的な活動を求められる場合もありますが、園の保育や教育の理念によって、指導のあり方は大きく異なっています。しかし小学校に入学すると、親の手を離れた活動をするようになります。ここでは子どもは規律的な行動を求められる場合も多く、他児との比較において、子どもの特徴や発達の遅れている点などが顕在化してきます。子どもがうまく学校という社会的な場に適応できるかということは、今まで子どもの育児に多くのエネルギーを投入してきた親にとって大きな課題になります。就学時検診などで問題を指摘され、不安になって相談に来る場合もあります。反対に、周囲から問題を指摘されても、まったく子どもに関心を向けられない親もいます。その中には親自身の精神的な問題も当然含まれますが、片親家庭など経済的に余裕がないために子どもへの関心をもてない親が増えてきています。

一般的には、子どもが学校に入学することによって、今までの保護的な関わり方から対応が変わってきます。それまでは家の中での養育的関わりが中心ですが、この時期から子どもが習い事を始めることも増えてきて、地域のサッカー・野球などのチームに入ったり、水泳や楽器を習ったり、学習塾に通ったりなど、いずれにしても社会的な活動への参加を多くの子どもが開始します。そのぶん、直接的に親が手をかける時間は減るかと思います。しかし、逆に子どもに対し、親自身の思い描くようなあり方、こうあってほしいという自らの期待を託す度合いは徐々に高まってきます。さらに同年齢のほかの子どもとの比較もより意識されてきます。親の期待が、ほどほどに達成できれば問題にならないのですが、そこに子どもの現実的な能力以上のものを期待する形でズレが大きくなると、問題が生じることもあります。運動やスポーツでの期待や習い事や勉強などで厳しく子どもを叱ることも増えてくる場合もあります。子どもにとって目安となる問題行動として、集団行動をとることができないこと、身辺自立ができないこと、他の子どもとのコミュニケーションを含めた関わりをもつことができないことなどが挙げられます。そして、これらの問題は、親としては注目しておくべき課題になります。

児童期後期（小学校後半）

この時期には、子どもとの直接的関わりはずいぶんと減ってきます。親自身も少し余裕ができて、今までやめていた親自身の趣味や社会参加を復活していこうという動きも増えてきます。最近では、子どもの手がかかる時期には我慢してきた夫婦の問題が、子育てが一段落したこの時期に顕在化する場合も多いようです。統計的なデータでは、離婚件数は二〇〇二年の二八万九八三六件をピークに減少傾向にあります（厚生労働省、二〇一〇）。しかし、子どもの相談現場では、これはあくまで私の主観的な印象ですが、片親家庭の子どもの相談件数は増えているように思われます。他方で、子どものほうでもだんだんと親の姿がみえてきて、自らのアイデンティティに目覚める時期であり、「自分とは何か」という課題に直面し始めるのもこの時期です。そのための安心できる拠り所、最近の言葉でいえば「居場所」は、やはり家族ではないかと思われます。その家族を安心して位置づけられない場合、子どもはいろいろと問題を起こす形で意思表示していることが考えられます。

この問題は、形のうえで家族を修復させれば問題解決になるのではなく、またそれは不可能な場合も多いです。子どもは、問題行動を起こして、そのような封印されたままの未解決な家族問題への疑問を呈していると考えられます。そうした場合には、このような問題に対して親自身が向き合うことができるように面接を方向づけていくことも親面接の課題となります。

思春期前期（中学生）

この時期の子どもは、身体的に急成長するという大きな変化があります。身長や体重の増加だけでなく、それに伴う第二次性徴の発現という非常に大きな課題に向き合うことになります。生殖行動が可能となる男・女の身体になるということは、それに見合うだけの心理的・社会的な準備態勢のできていないこの時期の子どもたちにとって、非常に不安とストレスの負荷がかかります。そのために心理的に退行した状況に陥りやすくなり、その結果として、今までの親子関係の軋みを正すような形でさまざまな問題行動が顕在化してきます。例えば摂食障害のような問題は、自らの身体的な成長を受け入れるのが困難になり、モノを食べないという行動を起こすことで、性的な成熟を拒否していると理解できます。その背景には同性の親との深い葛藤を抱えている場合が多くみられます。

このように子ども自身はまだそのような親への葛藤を言葉で語ることは少ないかもしれませんが、さまざまな問題行動の中には明らかに親への拒否や不満、反発心がみられる場合もあります。親から分離できないがゆえのもがきとして不登校やひきこもりなどの問題行動をとることもあります。このような問題は基本的には親との間に密なつながりがあるからこそ出してくると考えられます。その密なつながりには、親自身の過保護的な思い入れという歪んだ要素が含まれている場合もあります。その一方で、基本的に親との関係の希薄な、安心できる信頼関係が成立していない子どもの場合には問題行動の出し方が異なり、先ほど挙げた摂食障害のように、親との関わりで満たされないものを異なる形で求めるような行動がみられる場合もあります。

親自身が、子どもが出してくる問題行動や症状の意味を、どのようにとらえることができるかによって、修復する経過も変わってくると考えられます。つまりは子どもの側からの関係の再構築を意味している課題、親自身が自らのあり方を見直していくような課題として自覚して取り組んでいくことができるかどうかが一つのポイントとなります。

思春期後期から青年期前期（高校生からそれ以上の専門的学習の時期）

この時期は中学生の頃よりは少し落ち着いてくる時期かと思われます。思春期前期では心理的な問題についても行動化や身体化が主な表現手段でしたが、この時期になると今少し言葉で内省する力が子ども自身に出てきます。そして社会的な自己意識が課題としてはっきり自覚されてきます。このような心理的環境の中で自分の将来や進路を選択していく力が身についてくるのではないかと思われます。いわゆる青年期におけるアイデンティティの課題といえます。社会人としての親のあり方が一つのモデルとなり、それは同一化すべき対象か、あるいは反面教師としての対象か、いろいろな可能性があるかと思いますが、子どもにとっては自分を社会の中にどのように帰属させて価値ある存在として自己決定していくことができるかが大きな課題になります。

さらに基本的にはこの時期から親子の並行面接は少なくなり、子どもは来ないで親だけの面接形態になることが多く、そこでは親自身の課題も比較的話しやすくなるのではないかと思われます。しかし、本人が相談に来ない中で、親だけが相談に来る意味をもつことができるかどうかが、ポイントになるでしょう。つまりは子どもにどのような対応をすべきであるか、という問題意識から、親自身がどのように子どもとの関係から変わっていったらよいか考える意味を面接に見出していくことが動機づけにもなり、それが目標になっていくかと思います。当然ですが、このような視点を踏まえても実際は子どもの問題で相談を始めているわけですから、親の話を聞きつつも、子どものあり方に配慮しながら面接内容を把握していく必要があります。

青年期後期から成人期

この時期で親面接が必要になる最も大きな課題は、当然社会参加すべき年齢になっているにもかかわらず、そのような行動がとれずに家にひきこもっている若者の問題になります。このようなひきこもりは、現在では大きな社会問題となっています。二〇一五年に内閣府が行った調査では、一五歳から三九歳までのひきこもりは推定約五四万人いるといわれています（内閣府、二〇一九）。ひきこもりは、一律には論じられない、さまざまな固有の課題や問題を背景として抱えています。現在では、四〇歳以上の中・高年のひきこもりも推定で六一万三〇〇〇人いるといわれており、さらに「８０５０問題」というように八〇歳過ぎの親が五〇歳以上の子どもを抱えている問題も切実な問題となっています。子どもが社会参加できるように指導してくれる支援機関はないものか探しまわっている高齢の親御さんもいます。これは決してそのような親御さんを責めているわけではないのですが、まだ思春期の中学生や高校生の子どもへの対応を感じさせる関わりをしており、年齢は親子ともども重ねているのに、親子関係の質は時間が止まったままになっている場合が多くあります。

親自身がどこまで年齢に沿った子どもへの意識の持ち方を変えることができるかが大きな課題になります。当然ですが、親面接だけで子どもを変えていける可能性は低いです。もちろんそのような変化を期待できる事例もありますが、多くは難しいです。その時にはできるだけ、親との関係を継続的なものとしていくために、カウンセラーが一人で背負わないで、多くの支援の社会資源についての情報を提供するとともに、それらの機関との連携をとりながら見守っていくことが重要です。例えば、家庭訪問を行っている支援機関や、ひきこもりの親の会などと連携して、決して自分たちだけではないという意識を親御さんにもってもらえるような関わりは、重要な支援の手がかりになります。子どもが二〇代でひきこもり、そのまま三〇代、四〇代と年齢を重ねていく場合は発達段階のような節目がなく、社会的な枠組みで通過儀礼的な意味での体験をする機会もなく、社会に出て行かないという問題意識は親子にあるものの、日々の生活は淡々粛々と過ぎていくことになります。こうして現在では、七〇代と四〇代の親子関係といっても、まったく二〇代前半から心理的な成長はストップしたまま世間から孤立している家族が多くいる実態が明らかになってきています。四〇代のひきこもりの人による事件などは、そのような社会的な現実への警告のように読み取れる面もあるかと思われます。

以上、大きく六つの発達段階に分けて、子どもの問題の内容とそれに対応する親自身のあり方や課題が異なっていることを取り上げました。親面接においても、子どもの発達段階に沿った親の役割と、親自身のライフサイクル上の課題、そして子どもが直面している課題に対する親自身の達成度も踏まえておくことが重要になってきます。

さらに、親自身の課題についての取り組み方は、カウンセラーの「立ち位置（ポジショナリー）」、すなわちスクールカウンセラーや臨床心理士という社会的役割のみならず、「属性」によっても向き合うレベルが変わってきます。属性とは、個人的な要因、例えば、カウンセラーが男性か女性か、年齢的にどのような段階にいるのか、独身者なのか子育てをしている親なのか、といった事柄です。親自身の内面の開示レベルもまた、それらに応じて変わってくるかと思われます。このようなカウンセラーと親との関係も、面接過程に与える影響は大きいものがあります。

●文献

ベッセル・ヴァン・デア・コーク／柴田裕之訳（二〇一六）『身体はトラウマを記録する：脳・心・体のつながりと回復のための手法』紀伊國屋書店

厚生労働省（二〇一〇）平成二二年度「離婚に関する統計」の概況　https://www.mhlw.go.jp/toukei/saikin/hw/jinkou/tokusyu/rikon10/index.html

内閣府（二〇一九）生活状況に関する調査（平成三〇年度）　https://www8.cao.go.jp/youth/kenkyu/life/h30/pdf-index.html

5 親子関係の問題は時代における社会の変化をどう反映してきたか

当然ですが、親子の問題は時代とともに大きく変化しています。今最も顕在化している問題として、ひきこもりや、親から子どもへの虐待が挙げられます。これらの問題は、少なくとも筆者が臨床を始めた一九七〇年代の終わりには、教育相談の現場ではほとんどみられませんでした。当時の母親は、子どものために自分の身を粉にして働く姿が当然であるとみなされており、子どものために尽くす母親の思いが複雑に絡まり、子どもにとっては束縛になり重く感じる中で、次第に問題が顕在化していったようにも思われます。

その後一九八〇年代になると、家庭内暴力といわれる思春期の子どもの親への激しい暴力は、メディアなどでも大きく取り上げられ、注目されるようになりました（穂積、一九八二）。しかしそれは子どもからの親への暴力であり、親からの子どもへの暴力、それも乳幼児に対する虐待は、社会的な問題として注目されることはありませんでした。今この問題について、児童相談所で対応する年間事例数が一九万件以上という現実（一章参照）は、本当に大きな社会の変化を感じざるを得ません。

このような変化について、ここでは私自身の臨床経験の中でみえていた問題を取り上げながら、個人的な感想を踏まえて、親子関係の時代的変遷について考えてみたいと思います。

一九七〇年代後半以降——不登校を手がかりに

不登校（当時は登校拒否と呼んでいた）は一九七〇年代の後半から八〇年代の初めにかけてマスメディアでも大きく取り上げられるようになり、この頃から急激な増加傾向を示してきました。それは日本中が経済的に豊かになろうと一致団結して進んでいった一億総中流という幻想を思い描いた時代でもあったように思います。都市に人口が集中し、マイホームをもった核家族が増えてきた時代でもあります。父親は仕事人間として会社のために尽くし、母親は家庭を守り、子どもを育てるという、ある種分業体制ができ上がっていました。子どもは勉強し、良い大学に入り高学歴を手に入れれば、経済的にも社会的にもそれに見合う安定した地位が約束されると思われました。

このような社会的な構造の中で、親の期待に応えて比較的まじめに勉強をしている子が、突然、学校へ行けなくなるという問題が出てきました。本人も行きたくても行けないという葛藤が強く支配していました。これは家族にも大きな波紋を投げかけました。不登校は、このようなタイプが一つの典型像とみられていました。そこからみえてくる家族像は、父親は仕事一筋にそれなりにがんばっており、帰りも遅く、子どもと接する時間も少なく、家のことは母親任せでありました。母親は、自身や夫との関係で満たせない思いや願望を子どもに託し、子育てに必死に向き合っており、その姿は母親の子どもへの過保護・過干渉というふうに揶揄されることもありました。このような母親像は、社会全体の時代の価値観や雰囲気を象徴していたようでもありました。子どもが出してきた問題は、このような家族のあり方なり親の価値観なりに一石を投じて、見直すきっかけになる場合もありました。

今でも、このような問題を抱えている子どもの問題は個別の事例に見受けられますし、十分通用する見方です。子どもの立場からすれば、親の期待に応えたがんばりがきかなくなり、不登校という形で親に反旗をひるがえす問題行動を起こしていたと考えられます。その背景にはこの年代の子どもの発達的な課題として、親からの分離・独立というテーマが内包されています。親からの期待を子どもがどう受け取り、そこからどう脱却し、自立するかが、親子にとっての課題でした。これは時代を超えた現在の思春期の子どもの課題でもあります。

今、大きな社会問題になっているひきこもり問題は四章でも述べたとおり、四〇歳以上の人が六〇万人近くいるといわれています。この四〇歳以上の世代は、この時代に児童期を過ごしたかと思われます。その中には、家族関係のもっているしがらみから分離できずに、年を重ねている者も多くいます。親に経済的に養う能力があり、「私が生きているうちは面倒みます」と、三〇歳を過ぎた子どもについて語っている親御さんの話を聞くことも多くあります。それはこの時代に典型例といわれた、過保護・過干渉の課題を、現在でも温存し脈々と引き継いでいるようにも思われます。

一九八〇年代後半以降――身体化・行動化の問題

八〇年代前半の典型的な不登校は、学校に行きたいけれど行けないという葛藤や悩みがベースにありましたが、さらに八〇年代半ばになると、神経症でもなく精神病でもない人格障害という言葉が注目されるようになりました。その中でも境界例は、「悩み、葛藤を保持することができずに、不安になるとすぐ行動化を起こしてしまう」、「人との間に一貫した形での安心できる信頼関係がつくれない」、「自分の不安や欲動を抑えることができない」などの特徴が指摘されています。あるいは摂食障害という、拒食と過食を繰り返す問題も目立ってきました。このような問題行動はバブル絶頂期頃から，思春期から青年期の子どもに特に目立って増えてきました。

境界例の背景には基本的な母子関係の問題が指摘されています。基本的に安心できる場を見出すことができない，母親に十分に愛されたという感覚がもてない欠損感があります。見捨てられ体験や，発達段階できちんと受容されていなかった体験が問題の核にあるともいわれます。ここでの母子関係の問題は，以前の過保護，過干渉といわれた母親の問題とは，だいぶ質的に異なっていて，「母親から絶対的に保護される」という体験が欠けていることが問題の中核にあると考えられます。この世に生を受けた子どもにとって，母親は絶対的に受け入れてくれる存在であり，しっかり受容し，守ってくれる体験が他者への信頼関係をつくっていく原点になります。境界例では，そこに欠損する部分があるのではないかといわれてきました。それは単に母親だけが悪いとはいえない，母親自身の背負わされた課題もありました。子どもを受容できない背景には，その母親を支える夫婦関係が安定していない問題も指摘されました。母親にとって，夫婦の絆が確かであるかどうかが，子どもを「受容できる／できない」という側面に密接に関わっていたといえます。

また，この時期，女性にとっては社会進出が叫ばれ，男女雇用における機会均等が制度化され，女性の総合職も誕生してきました。女性の個人としての自由度は増したぶん，社会の中でしめる家庭内での母親の役割は相対的に軽んじられてきたともいえます。また、バブル景気の影響で物質的には豊かになり、ブランド物が氾濫し、海外旅行も気軽に行ける時代になりましたが、社会全体がどこか浮ついた雰囲気で、家族の絆も倫理観も揺らいできたような時代の状況があったように思われます（大平、一九九〇）。

一九九〇年代後半以降――トラウマや児童虐待という問題

一九九五年に起きた阪神・淡路大震災と地下鉄サリン事件は、日本全体に大きな傷を残しました。この二つの出来事がきっかけとなり、心の傷つきであるトラウマの問題は、さまざまな角度から注目されるようになりました。八〇年代からの親から愛されない女性の問題として、アダルトチルドレンという言葉がブームになり注目されました。一生懸命にまじめに仕事や家事を行っている女性たちが、母親から愛されなかったことを訴えて叫び声を上げています。

さらにこの親から愛されなかった女性の問題はエスカレートして、その後の虐待につながっていく流れがあります。母親自身が心の傷を体験しているがゆえに子どもに暴力を振るってしまうという虐待の連鎖の問題が注目され、今日に至っています。自分が親から傷つけられた体験を子どもたちに無自覚的に出してしまうという世代間伝達の問題ともいえます。

児童虐待は今切実な社会問題となっています。児童相談所の対応事例は、現在まで増加傾向にあります。この問題は、七〇年代から八〇年代にかけて、日本の社会構造が高度経済成長とともに大きく変化していく環境の中で児童期・思春期を過ごしている世代から起こってきているかと考えられます。それが決定的な要因とはいえないにしても、このような時代的な影響を多感な時期に受けていることは、社会的なモラルや倫理観が大きく揺らいできた時代でもあり、お金ですべての願望がかなえられるような経済至上主義の風潮の中で育った世代が、親となって子育てに取り組むような時期になり、最も根源的な人間性のモラルを揺るがすような行動が顕在化する要因になってきているようにも考えられますし、それは現在まで続いているかと考えられます。

二〇〇〇年以降――家族のあり方の大きな変化について

一九八三年に人口千人に対し一・五〇人であった離婚率は、九八年には一・九四人に増えており、二〇〇二年には実数でも二八万九八三六件とピークを迎え、その後は減少傾向を迎えています。男女の社会的な役割の区別がなくなり、女性の社会進出が高まるにつれ、自由に自らの意思決定ができるようになることにより、このような傾向はますます増加するようになってきました。旧来型の家族像はますます描きにくくなっているかと思われます。

このような状況の中で、二〇〇一年の約一三万九〇〇〇人をピークに、数的には不登校は減少してきていました。子どもの数は減少傾向にあり、その割合が必ずしも減っているわけではありません。ただその後、適応指導教室をはじめとして、スクールカウンセラーの充実などの対応を学校側も行ってきました。それがまた二〇一八年度には、一四万人を超える増加を示しています。この中には、新しいタイプの不登校が増えているように思われます。その要因としては次のようなことが考えられます。

一つは発達障害（この「障害」という言葉は不適切にも思われ、成長における偏りの目立ったタイプと言ったほうがいいようにも思いますが）という枠組みでとらえられる子どもたちがいます。このような問題傾向をもっている特にグレーゾーンの子どもたちが、ある年齢になり、自分自身の問題傾向に気づき、そのことを気にするようになり、いじめやからかいなどの経験に強く反応し、とらわれて行けなくなる場合があります。現在いじめの数が右肩上がりに増加していることもその一つの要因として考えられます。[注1]

そして、もう一つは、思春期前の小学校高学年にみられるタイプですが、片親で経済的にも大変さを抱えている事例が増えています。このような事例の場合、一生懸命子どものため、生活のために、子どもが片親だからということで引け目に感じないようにがんばっている母親も多くいます。しかし、父親不在の問題について、子どもときちんと話をしたことがない場合は多いようにみえます。子どもにとって、父親の不在は大きな疑問として心の隅に刻まれている場合があります。このような場合、片親であることが不登校の原因ではなく、子どもにとって家族とは何かということを意識する中で、自分の父親について知らないことにひっかかりや混乱を起こして学校に行けなくなっていることが考えられます。多くの母親自身が未解決な形で離婚による心の傷を抱えていることを子どももわかるため、母親へのいたわりから、問うこともできない場合も多いように思われます。そのような自分の気持ちがグルグル回っているうちに混乱を起こして学校へ行けなくなる場合です。家族という居場所が安心できる場になっておらず、切実に自分のルーツについて悩み混乱していると考えられます。相談の過程の中で、父親のことが話題になったり、実際に会いに行ったりして自分の親を確認する中で学校に復帰していく場合もあります。離婚が悪いのではなく、そのような事実を子どもにどのように適切に伝えているかが、むしろ重要になっているかと思われます。いま教育相談で対応している不登校の多くに、このような家族への意味づけの混乱の問題があるように考えられます。決して離婚した両親が悪いのではなく、そのことで両親と同じように子どもも心を痛めていることをわかってやることが重要です。

さらに格差社会といわれ、片親家庭での経済的な貧困は切実な問題であり、子どもの生活環境の劣化も大きな問題になっています。現実的な経済的困難さのために、子どもの問題に対処する余裕をもてない親も多くいます。二〇一一年に発生した東日本大震災は、いまだ解決の糸口すらみえない原発事故という負の遺産を後世にもたらし、高度経済成長という価値観をもっていた頃には未来に対する明るい希望や夢をもっていましたが、現代ではそれらが描きにくい時代を迎えているように思われます。さらに超高齢社会を迎えて、どのような社会システムを新たに構築していくのか、さらには今後確実に起こることが予想される首都直下型地震や、南海トラフ巨大地震についてどのような対応が可能か、避けては通れない課題が山積している現実があります。

しかし、親子という家族の営みは未来に向けた営みであり、子どもの成長を願う親の思いがあればこそ、それが支えになる活動ではないかと思います。それは、社会がどのような状況にあったとしても、変わらない普遍性をもっていることもまた事実です。そのような関係性の中に安心できる心の居場所を見出すことができ、どのような時代にあっても、親から子、そして孫へと「関係性の継続」する営みは、希望を託してくれている可能性をもっているのではないかと思います。

これからの親子関係と支援のあり方

一応このような時代的な流れを記述してきましたが、これは不登校を中心とした親と子どもへの支援を四〇年以上実践してきた中での個人的な感想として述べたものであります。それぞれの時代的な特徴として述べた問題は地層のように積み重なっており、当然ですが、時代的な特徴としてのみ規定できない面もあるのは確かです。ただこのような時代的・社会的な視点も個人を支援していくうえで、特に親面接をしていくうえで、親の生きてきた時代状況、特に最も多感な思春期・青年期において社会にどのような時代の空気があったかを理解しておくことは、親の価値観や生き方を考えていくうえでの手がかりになります。

そして崩壊した夫婦の後ろにみえる今日的な家族の姿として、子どもと母親と母親の親という、三世代が同居している家族が多くあり、相談に来られるケースにもそのような家族が増えています。父親不在の三世代同居の姿が、少なくとも教育相談や心理相談に来談する標準的な家族像になってきています。

しかし、よく考えてみると、これは今に限ったことではなく、昔から存在する家族の姿でもあったかもしれません。昔話の『赤ずきん』は、母親はいますが父親の不在の話です。赤ずきんの場合は、母親から離れて一人で森の祖母の家に行く途中で狼に出会い危機的な体験をするわけですが、そこで出会った猟師によって助けられています。これは少女が思春期となり第二次性徴の発現による内的な衝動性への対応としての父親的な役割の重要性を指摘しているとも解釈されています（ベッテルハイム／波多野・乾訳、一九七八）。見方によっては、固定した従来の家族という形態における父親は不在でも、子どもの成長するある時期にしかるべき形でその役割をとってくれる人が登場することで、その難局を乗り越えていくことが十分可能であると読むこともできます。つまり旧態然とした家族へ復古することはありえないとしても、必要なときにその役割をとる父親的な人が必要であることを意味しており、子どもを支援する人はそのような重要性を理解しておくことが肝要であるといえましょう。

●注

1　いじめについては、二〇一三年にいじめ防止対策推進法が成立し、「ほかの児童生徒が行う心理的物理的な影響を与える行為により」「対象となった児童生徒が心身の苦痛を感じているもの」と定義されています。この定義によりいじめの統計が明確化しました。二〇一七年の小・中・高等学校および特別支援学校のいじめ認知件数は四一万四三七八件で、二〇一三年の一八万五八〇三件から五年間に倍以上に増えています。これも不登校の増加の一つの要因と考えられます。

●文献

穂積隆信（一九八二）『積木くずし：親と子の二百日戦争』桐原書店
大平健（一九九〇）『豊かさの精神病理』岩波新書
ベッテルハイム・B／波多野完治・乾侑美子訳（一九七八）『昔話の魔力』評論社

第Ⅱ部

親面接の事例

6 幼児期の養育不安――子どもを愛せない母親の課題

ここからは具体的な事例を取り上げながら、母親面接について考えていきます。まずは、幼稚園に通っている四歳児を抱えるお母さんの事例です。ここでは、母親の面接での語りより、並行して行われた子どものプレイの内容を取り上げ、それが母親自身の課題とどのように関わっているか考えてみたいと思います。さらに、面接の過程において登場してくる祖母の存在により、母と子の問題が、その母親と祖母との関係にいかに関わっているか、この面接過程からうかがうことができるのではないかと思われます。

来談にいたるまで

Ａさんは、四年前にＢちゃん（女児）を産んだとき、かわいく思えずにカウンセリングを受けていました。二年前にＣくん（男児）を産んでから抑えていた感情が爆発し、不安定で落ち着いていられなくなります。ご主人の仕事がうまくいかなかったことも影響し、夫への攻撃や自殺未遂などの行動化を起こし、神経科のクリニックで境界例という診断を受けています。さらに子どもへの暴力も重なり、翌年には精神科の病院に半年入院しています。その間、Ｂちゃんは A さんとご主人の母親が交互に面倒をみてくれました。弟のＣくんは、Ａさんの入院期間中、乳児院に一時的に入っていました。その後、落ち着いてきてＡさんは退院し、二人の子どもを手許にひきとってから育児に混乱を起たしてきました。特にＢちゃんがＡさんに対して反抗的になり、手がつけられないとのことで相談に来ています。Ｂちゃんの問題は、Ａさんとの関係の中で激しく出ており、幼稚園では、特に問題はみられていませんでした。Ａさんは弟のＣくんが生まれる前は、Ｂちゃんのことを一生懸命育てていたようでした。初回にＡさんにＢちゃんのことを聞こうとしても、まずは自身の問題について訴えていました。

［Aさんの問題］

Aさんは、一人っ子で両親が中学のとき離婚し、それまでも夫婦関係が悪く、しょっちゅうけんかをしていたといいます。母親は専門的な仕事をしており、Aさんは母親の言うことを聞く良い子であり、しっかり者として家事全般を分担していました。高校卒業後、専門学校を出て就職しており、その後、ご主人と結婚しています。それ以前から男性との付き合いは盛んであり、ご主人と出会った頃、ご主人は結婚しており、Aさんも付き合っている人がいる中で、二人で意気投合し盛り上がって、困難を乗り越えて結婚したとのことでした。Aさんは自分自身の生育歴を語る中で、子どもの頃繰り返し見た夢として「らせん階段を転げ落ちて、底のない暗闇に落っこちていく。怖くてよく目覚めた」と語っていました。繰り返し見ているということから、Aさんの抱えている、基底的な不安の強さをうかがわせているように思われました。それは確実にBちゃんへの養育への困難さにつながっているようにも考えられました。

［見立てについて］

以上のように、境界例と診断され、対人関係において基底的なレベルでの課題をもっていることがうかがわれました。このような課題をもっている場合、カウンセラーに対し、最初からさまざまな要求を出してきて、振り回されているように感じることがあります。支援者側がなるべくブレない対応を心掛けるために、できることの限界を最初からはっきり伝えていたほうがいいかと思われます。つまりは初期の段階で、お母さん自身の治療は医療機関で継続して受けてください、ここではあくまでBちゃんへの支援を中心に一緒に考えていきましょうという確認と、母親自身の支援や治療がどのような形で行われているのか把握する必要があるかと思います。その情報を踏まえたうえで、Bちゃんへの対応を考えていきましょうと最初の段階で伝えることが必要です。母親面接者は、母親の問題を決して一人で全部抱えこむことがないようにしながら、ここでもあくまで基本的な構えとして7対3の割合でといっても、現実的にはなかなかそれを維持していくのは難しい状況で面接が始まっています。実際、Bちゃんの生育歴などの詳しい情報がなかなか聞き出せませんでした。しかし、子どもと母親との関係をみていく姿勢を忘れずに、対応していくことが重要かと思います。

面接の経過

Aさんは、まずは二回ほど一人で来談してきて、Bちゃんのことというより、自分自身の大変さと問題を語っていました。その頃、Bちゃんは、「おばあちゃんがいい」と言って、祖母の家に行っており、母親であるAさんに強く反発し、一緒に連れてこられない状態が続いていました。カウンセラー（筆者）は、ここではあくまでBちゃんを連れてきてくださいということを伝えました。三回目に来たときには、Bちゃんへの A さんの対応を諭している祖母の前で、Aさんは、混乱し、包丁を持ち出して、自分自身を傷つけようと行動化を起こしました。娘であるAさんの問題行動を初めて目の当たりにして、理性的な祖母も何とかせねばと思ったようでした。すでにこちらを揺るがすような行動化を起こしているように思われました。

その後、四回目の相談でようやくAさんはBちゃんを連れてやってきました。BちゃんはAさんから「一人で大丈夫？」と言われるのを無視して、母親と別れるとプレイルームに入って遊び始めました。シルバニア・ファミリーの家を出すと、そこにお父さん人形、お母さん人形、赤ちゃん人形を二つ出すと、それぞれの人形がベッドに寝て休む遊びをしています。そして、サメを取り出すと、二階に近づけて、「赤ちゃんが食べられちゃうの」と言いました。さらに、家の裏口の戸が開いているところから、「ここから幽霊が入ってくるの」とも言いました。

この子どものプレイの話を子ども担当者から聞きながら、母親面接をしている筆者は、Aさんが語っていた、子どもの頃に繰り返し見たという「らせん階段を転げ落ちて、底のない暗闇に落ちていく恐怖」の夢に通じる内容をBちゃんがプレイの中で表現しているように思われました。BちゃんはAさんが心の基底にもっている不安をプレイの中で表現しているのではないかと連想していました。もっとも子ども担当者からみれば、それはBちゃんの内的な世界における不安の深さを表していると考えると思いますが、母親面接をしている筆者からみると、Aさんの思いがBちゃんのプレイの中に託されているのではないかと思ったのでした。そう思うことは、Aさんに対するカウンセラー側の受容度を増す手がかりになり、対応していく構えの指針になったように思います。次の回、Aさんは少し落ち着いてやってきました。Bちゃんはレゴ・ブロックで病院をつくっています。

そして六回目には、祖母とAさん、Bちゃんの親子三代で相談にやってきました。祖母は「どうして娘と孫の関係がこんなに関係が悪いのか」と語りました。「娘のほうも確かに問題であるが、孫のBが母親であるAに対して、すさまじい形相で敵意をあらわにして文句を言っている。そしてBは母親にはそういう態度を示しながら、私にべったり甘えてきている。いつ母親のもとに戻されるのか怯えているよう。私も仕事があるので、いつまでもBに四六時中関わってあげることはできないので、だいぶ困っている。私は娘のことをちゃんと育てたつもりなのに、どうしてAはBに対してきちっと対応できないのか」と語り、さらには娘婿であるAさんのご主人への不満も語っていました。祖母の語る話をAさんは思春期の娘のように隣で黙って聞いていました。この話を聞きながら、Bちゃんは、Aさんが本当は祖母に言いたいこと、してほしいことを語っているのではないかと思われました。

この回のBちゃんは病院をつくり、ベッドに赤ちゃんを寝かせ、お医者さんが登場し、赤ちゃんを診察する遊びが展開しています。このようなプレイルームでの遊びの中での治療的な世界は、筆者にとってはBちゃんと同時にAさん自身が求めている世界のようにも強く感じられました。「Bちゃんは母であるAさんに激しく攻撃性を出している。Aさんは祖母に、今までそのような感情をまったく出すことができずにきたのではないか」――そういう点ではBちゃんは、思っていることを出せる健全さがあるように思われました。そこにはCくんが生まれる前まではしっかり育てられていたことと、また、この時期には守ってくれていた祖母の存在が影響しているかもしれません。しかし、その後祖母は仕事が休めなくなり、Aさんへの協力を差し控えるようになります。その結果、Aさんは一人で子育てを続けることができなくなり、多量服薬という問題行動を起こしています。

その一カ月後にやってきたAさんは、ヘルパーを頼んで家のことや子どもの世話をしてもらっているとのことでした。相談に一度来た祖母は、明確な説明や対応を語ってくれないカウンセリングへの不満を語っていたといいます。どうもAさんが、Bちゃんに託した祖母への再体験は中途で終わったようでした。そこには祖母に対応しきれなかったカウンセラー側の限界もあったように思われます。この回にもBちゃんはプレイでシルバニアの家に、赤ちゃん、お父さん、お母さんをそれぞれベッドに寝かして休んでいます。二人の赤ちゃんに名前をつけています。まさに現実的に疲れている家族を表現しているようでした。

八回目では、Bちゃんは、プレイの中で前回の赤ちゃんが双子の女の子に成長していました。お父さんとお母さんのベッドは一つしかなく、どうしたものかと困っています。その一方で子どもたちのベッドの置き場にも悩んでいます。母親がすぐに来てくれるところにベッドの位置を確保することで安心しています。

九回目では、Aさんは次のように語りました。「Bは落ち着いているが、いつ私がいなくなるのではと心配している。私も大変であり、Bを里子に出したらどうかという話を主人にしたら、キレて暴力を振るわれて家から追い出された。その後、主人の母親にも入ってもらい話をして、少しはわかってもらえた」と語っています。Bちゃんは、プレイの中で、子どもたちの入院する病院をつくり、ベッドに子どもを寝かしています。子ども用のベッドが足りないところをいろいろ工夫して、さらに火事になったときに安全に逃げられるように、非常用の階段を病院につけています。現実的な状況の不安定さに備えているように思われました。そして、これはまたAさんの求めている安全感のようでした。

一〇回目は、Aさんはパートの仕事を見つけ、外に出て仕事をすることで安定した場を得ようとする動きをみせています。しかし、筆者にはまだ危ないように思えました。Bちゃんは、子ども担当と二人で料理をして、いろんな食べ物をつくり一緒に食べる遊びをしていました。

一一回目には、夫婦関係が悪化し、かなり混乱していることがAさんから語られます。Bちゃんは箱庭を置いています。森の中に、動物たちとピーターパンと数人の人を置き、終わり間際に、ゴリラ、サメ、恐竜、ヘビを床の上にセラピストに向けておいて、噛みつくような遊びをみせました。なかなか制御しにくい力が出てきているようです。

一二回目、Aさんとご主人との関係は、第三者に入ってもらい、お互いに冷静に話し合い、一緒にやっていくとの方向で一応落ち着いたといいます。祖母がBちゃんに「お父さんがいなくなってもいいか」と聞くと、Bちゃんは「お父さんも一緒がいい」と答えたといいます。「話し合っているとき、祖母のところに預けており、後で主人と一緒に迎えに行くと、Bちゃんが嬉しそうにしており、それを見てショックを受けた」とAさんは言っています。「Bちゃんが自分についてきて主人のことを嫌っていると思っていたのに」と語っています。Bちゃんのプレイでは、シルバニアの家族は、お姉ちゃんと赤ちゃん、お母さんが登場しています。お母さんは赤ちゃんを寝かせ、お姉ちゃんを寝かせようとしていますが、姉は寝ないで、お母さんをベッドに寝かせる遊びを展開しています。

一三回目、相談室に来る前に、中庭の日当たりのよいベンチでAさんとBちゃんの親子がお昼のお弁当を食べている姿を、偶然見かけました。挨拶を交わしつつ、仲良く昼食を食べている二人の姿に、ほほえましい親子の姿を見たようでした。ところが面接室で、Aさんは不安定な自らの状態について語っています。筆者は「少なくともBちゃんとの関係はずいぶん穏やかになった面もありませんか」、と先ほど昼食をとっている姿についての感想を述べたのですが、Aさんには入っていかないようでした。Bちゃんのプレイでは、またもやシルバニアの家族が登場し、赤ちゃん二人とお姉さんが一緒に寝ていて、お母さんは大きなベッドに一人で寝ており、二段ベッドにはお兄さんと犬が寝ています。お父さんは寝ないで、朝まで仕事をすると言って、ベランダに机と椅子を置いて座るが、その後屋根裏部屋に移動しました。父親は仲間はずれのようです。

その後、Aさんは自らの体調がすぐれないとのことで来談が難しくなり、中断になっています。Bちゃんにとっては、この段階でプレイセラピーが終わることは残念でしたが、母親との関係は当初の状態から修正していること、少なくともそれ以外にはこの段階ではBちゃんは問題を出していないこと、Aさん自身は医療機関にもかかっていてBちゃんを継続的に連れてくることは難しい現実を考えると、やむを得ないかなと思われました。

本事例を振り返って——子どものプレイに託された母の思い

Bちゃんのプレイの内容は、Bちゃん自身の現在体験している、あるいは今まで体験してきた現実的・内的・心理的世界のさまざまな思いをセラピストとの関係の中で表現していると理解できるでしょう。しかしここでは，あえてそのような視点とは別に，Bちゃんがプレイルームで表現するセラピストとの二人の関係で展開する内容が，そこに一緒に来て隣の面接室でカウンセラーと話をしている母親にとっての意味とも重なるように考えてみました。このような視点からみることが，母親自身を理解し，支える手がかりになるのではと考えたのでした。親子の間に共通する不安があり，四歳の子どものプレイが母親と家族が抱えている課題を表現していると読み取れるような気がしました。親担当からするとBちゃんの表現する世界は，まさにAさんの中に存在する内的な子どもの求めている世界を表しているように思われました。

さらにこの事例の場合，子どもがプレイの中で展開している世界は，お母さんをいかにサポートして癒すかというテーマが流れています。母親にとって，Bちゃんの表現する遊びの世界に，まさに自らの内なる子どもを癒す内容が託されて展開しているように考えられました。まだ四歳の子の母親への気遣いの表現は，心打つものがあります。それは過酷な環境にある親から虐待体験をしている多くの子どもにも共通してみられる面があります。子どもの親に対する思いは，人間のもっている自然の心の営みとしてあります。このような幼児期から児童期にかけて存在する心のありようが，その後の成長で，より歪んだ形でさまざまな問題や病理として発現する可能性があります。それを少しでも軽減するために，この時期の支援はそれだけ重要になるかと思われます。

このようなBちゃんのプレイ室での表現がどこかで現実的なAさんの心に伝わり、何らかの触れ合いの体験に至らないものかと思っていましたが、そこまでには至らずに面接は中断しました。AさんとBちゃんの直面化の課題は、次の機会に残されました。

このように、子ども自身の問題が、母親自身の内なる子どもとしての問題を含む場合があること、親から子、子から孫への問題の連鎖というテーマがあることが、この事例の中でわかっていただけたのではないかと思います。その連鎖をいかに断ち切るかが、親面接のひとつの大きな課題でもあります。もちろんそのような見方ができる事例は、ここで挙げたような幼児期から児童期の初期にかけての子どもと母親の関係についての課題であり、母親自身、子ども自身の問題のレベルや内容なども踏まえて考える必要があるでしょう。さらに、子どもの動きや表現してくれる内容をカウンセラーが把握することは、そのような母親を支えるうえでの手がかりになる可能性があるように思われます。つまりは、ここで述べられているような子どもの思いを母親が気づいたときに、それは母親にとっても大きな支えと癒しになるのではないでしょうか。それは子育てによって自らの傷つきを癒そうとする母親の行動の一側面を表しているようにも思われます。

7 児童期のアイデンティティ ―― 家族の危機と自己確認

児童期後期といえる小学生の後半は、「自分とは何か」という課題について、周囲が思う以上に深刻に悩んだりする時期と考えられます。四章で述べたように、この時期には、他者との関わりにおける自分に目覚めるとともに、置かれている環境、特に家族や学校場面での他者との関わりにおいて問題が出やすくなっている時期かと思われます。子どもにとって自分は何かという問題の基盤には、親との関わり、親自身のあり方が関わっている場合があります。親との関わりを、自分の中に安心して取り入れることができない場合、それが登校渋りや万引きなどの問題行動になって現れることがあります。家族のあり方について、親自身が子どもときちんと向き合って取り組む必要があります。このような親子の課題を強く実感するきっかけになった事例をここでは取り上げてみます。

来談にいたるまで

[母親であるAさんの最初の語り]

小学三年生のBちゃんは、友だちとのちょっとしたトラブルがきっかけで、学校への行き渋りがみられて相談に来ています。Bちゃんの両親は、彼女が幼稚園の年中のときに離婚しています。いろんな事情が重なって離婚に至ったのですが、父親はBちゃんをかわいがっていたと言います。父親が家を出たとき、母親は「遠くに仕事に出かけるので、しばらく会えないから」と言っています。それから五年以上が過ぎたのですが一度も会ったことがないと言います。小学一年生の頃までは、しきりに父親に会いたいと言っていましたが、ある時期からまったく言わなくなったそうです。相談に来た母親は、そのことが気がかりであると語っていました。

[家族について]

家族は、母親（Aさん）と小学一年生の弟、祖母、祖父が同居しています。祖父が会社を経営し、父親もその仕事を手伝っており、同居していました。しかし、祖父の仕事がうまくいかなくなり、祖父と父親の関係が悪くなり、父親は経済的な見通しもないままに家を出て独立しようと言ったそうです。母親は祖父母と別居することに同意せずに、父親のみが家を出て、その後、離婚することになります。祖父の負債のために引っ越し、小学二年生のときに転居先の学校で、Bちゃんはいじめに遭い、登校渋りをするようになります。家では弟への暴力、母親への反発も出てきます。Aさんもかなり厳しく対応したと言います。小学三年生になり、クラス替えで友人関係も良くなり、最初は登校していましたが、五月連休の後から、また行けなくなり、相談にやってきます。

[見立てについて]

Bちゃんの不登校には、現実的なきっかけとしていじめ問題もありますが、家族の問題、夫婦の問題、そして母親であるAさんと祖父母の関係など、家族が安心できる守ってくれる場になっていなかったことが影響しているように考えられました。親面接においては、Bちゃんの問題とAさん自身の課題、特に父親との離婚の問題は、Bちゃんにとっても大きな課題かと思われ、学校への行き渋りの問題の背景に、家族の今までのあり方に向き合うことが、Bちゃんにとっても必要であろうと考えました。このような養育環境の大きな変化が与えた影響と、児童期後期という発達段階における課題への取り組みが必要になるかと思われました。

面接の経過

［小学三年生時］

初回に現れたAさんは、表面的には若々しく明るく苦労を感じさせない印象の人でした。一通り子どもの問題について語った後、別れたご主人のことを聞くと「夫が出て行ったときのことをBは見ていました。出て行った後は、いつ帰ってくるかよく聞いていましたが、ある時期からまったく聞かなくなりました」と語りました。さらに、なぜAが聞かなくなってきたのか、自分自身今まで考える余裕もなかったと言いました。

多くの片親家庭の母親は、子どもが父親のことを非常に気にしていることに、うすうすは感じていても、向き合わないようにしている場合があります。母親自身が夫婦問題を整理できておらず、向き合うだけの心の余裕がなかったと思われます。子どものことを話す中で、改めて向き合って語る場合が多くの事例でみられます。Aさんもここで初めてBさんのことを話す中で父親のことにきちんと向き合わねばと思ったようでした。このような中で子どものプレイセラピーと母親の面接が並行して続いていきます。

二回目の面接で、Aさんから、「Bちゃんは、相談室に来るのを楽しみにしている」と報告してくれました。その一方で、家で弟とけんかしているのを注意すると、「『どうせ私なんか居ないほうがいいんだ。死んでやる』とBはすぐに言う」と語りました。それはAさんをイラっとさせる言い方のようでした。さらに祖父母のこと、Aさん自身の今までの歩みや、別れた夫との出会いについて語り、「夫について、子どもには『海外に仕事に行っている』と伝えている」と言いました。筆者は「お父さんのことは、きちんと話し合うことができるといいですね」と伝えました。

三回目では、Bちゃんは少し落ち着いてきました。Aさんは結婚する前は保育士をしており、偏頭痛がひどくてやめたと言います。この症状は中学時代からあり、実はAさんの母親も偏頭痛もちであると言っています。母は二人きょうだいの長女であり、弟の世話をよくしていたといいます。Aさんと立場が同じであることを指摘すると、「そうですね」とちょっと気になるように答えていました。

四回目、Aさんは話の流れで「Bが『パパ欲しいから結婚したら』『そのとき、男の人からのプロポーズはだめで、ママが好きな人でないとだめ』と言っている」と言いました。「『前のパパはママが怒ったから、出て行った』とBが言っている。そうではないと言っても、『あのときのママは、すごい怖かった』」と語りました。筆者が「お母さんもそのときは辛かったでしょうが、Bちゃんの気持ちをもう少し汲んでやる必要もあるでしょうね」と伝えると、「今はそんな新しい人と結婚を考える余裕もないし，二人も子どもがいれば無理だと思う」とAさんは応答しました。

五回目，Aさんは「Bは順調に学校に通っている。弟がなぜ家には父親がいないのか聞いてきた。Bは『父親のことを覚えている』と言って弟に説明していた。下の子は祖父をパパと呼んでいいかと聞いてきた」と語りました。さらに「夫とはまったく連絡をとっていない。養育費も送ってこないし，どうしているかわからない」と言うので，筆者は「父親のことがタブーになっているより，正直に話したほうがいいでしょうね」と伝えました。

六回目，Aさんは「Bが下の子とけんかしているのを注意すると，『どうせ私なんか生まれなければよかった』と相変わらず激しい口調で言う。なぜそんな口のきき方をするのか」と語りました。「そこには，確実にお父さんがなぜいなくなったのかという問いかけが，向けられているのかもしれないですね。できるだけ正直にお母さんの心情を語ることでしょうね」と筆者が応答すると，Aさんはうなずきました。「Bは知らない人の前で，『うちには父親いないんだよ』と，わざと大きな声で言ったりして，私自身，腹立たしく思ったことがありました」と語っています。

一二月に入り，Aさんが「Bが『頭が痛い』と言うので病院で診てもらったが，特に問題はなかった。時々訴えることがあり，親子三代にわたって偏頭痛もちであることが話題になりました。『頭が痛い』と訴えてきたときどう対応したものか」と聞いてきたので、「頭をなでてやったらどうですか」と筆者が応答すると、Aさんはハッとした表情で、「そうですね」と反応しました。

年が明け、Bちゃんには友たちが増えているようでした。家ではよく絵を描いていて、それを相談室にも持ってきて、子ども担当のセラピストにみせています。

学校には行っており、時々休む日が続いている中で三月になったある日、Aさんは「Bの幼稚園の年長のときの絵が整理していたら出てきた」と言い、その絵を持ってきました。家族画で、「祖父」「祖母」「母」と書いてあり、父のところは「おまけ」と書いてありました。筆者は「それをBちゃんと一緒に見て、彼女はどんな気持ちだったでしょうね？」と聞いてみると、「Bは『覚えてない』と言っていました。そして、私に、『再婚しないの？』とあっけらかんと聞いてきた」と言いました。さらに筆者が「そう言われてお母さんはどう思いました？」と問うと、Aさんは抑えていた気持ちが溢れるように感情的になり、初めて涙をみせました。「いま感じている気持ちを、Bちゃんと共有できるといいですね。その頃のことを今どう思うか、一緒に話せるといいですね」と筆者が伝えると、Aさんはしばらく泣き続けました。

春休みに入り、Aさんは家族で行楽地に行きました。Aさんは「Bは相変わらず弟とけんかをしているが、私が注意すると『どうして私なんか産んだの、私なんて必要ないんでしょう』、と言ってふてくされている反面、しばらくしてから『お母さん抱っこして』と寄ってくる。『いいわよ』と抱いてあげると、ホッとしたそぶりをみせている」と語りました。少しずつBちゃんを受容できる余裕ができているようでした。

Bちゃんが小学三年生として来た最後の回の親面接では、「先日Bが一緒に寝ながら、『離婚って何？』と聞いてきて、『ママは離婚したんだよね。なんで離婚したの？　寂しくなかった？』と聞いてきた。『あー、きたな』と思ったのですけど、うまく答えられなかった。Bがもう少し大きくなったらちゃんと話してあげるからと言っておきました」と語りました。「Bは『私、前のパパの名前知らないんだよね』と言っていた。会いたいとは言わなかったが、やはり会いたい気持ちもあるのではないかなと思う。家を出て以来、元夫は連絡もとってこないし、やはりひどい人だと思う」と語って、涙を流しました。Aさん自身、そしてBちゃんも現在までの父親の不在に至る、封印していた課題に少しずつ向き合うことができるようになってきたかと思われました。

【小学四年生時】

小学四年生になり、クラス替えもあり、いじめの問題が語られるようになりました。学校で女子どうしのいじめ問題があり、学校への行き渋りがまたみられ始めます。Aさんは、担任に訴えて指導を求めますがわかってもらえずに、面接場面で悔し涙をみせました。いじわるされたBちゃんに対し、必死で守ろうとしている母親の意地を感じさせる場面であり、AさんのBちゃんに対する思いが伝わってくる場面でした。

次の回の面接では、Aさんは「担任からの指導が入り、いじめている子どもたちから『先生にチクったね』と責められたらしく、本人は知らないと言っていた」「学校では委縮し自己主張できずにいるのに、家では、私や弟に反抗的な自己主張がエスカレートしてきている」と語りました。

二学期になると「また学校への行き渋りが増えているが、私や祖母がついていくと週の半分くらいは出席している。家で熱心にストーリーのある漫画を描いている」と語り、「それをお母さんも読ませてもらったらとどうですか」と筆者が伝えたものの、「Bは私にみせるのを拒んでいる」と語りました。「そういう秘密をもつことも大事な時期かもしれません」と筆者は伝えました。Bちゃんはその漫画を相談室に持ってきて、子ども担当セラピストにはみせていました。

一一月になると、「嫌なことがあると、私に抱っこしてと甘えてくる。そんなに満たされていないのかなと思う」と、不満や愚痴がAさんから語られました。Bちゃんが、母親に甘える一方で秘密をもつところなどは、依存と分離・独立のアンビバレントな気持ちの動きが読み取れました。

さらに、この頃、Bちゃんのセラピーは母親面接とは別の曜日の時間枠に設定していたのですが、母親面接のときに一緒にやって来ました。「一緒に入って話す？」と問うと、「話す」と言い、学校での嫌なことや、家での休日の過ごし方などを語りました。母親面接をしているカウンセラーである筆者に関心を向けてきており、子ども担当のセラピストとも筆者の話をしており、彼女の中で父親像の姿を求めている動きかと思われました。

一二月末、「学校が早く終わったから」と、BちゃんはAさんとまた一緒にやって来ました。そして、母親が激怒してたたいたことの文句を筆者に語りました。弟とのゲームの取り合いが原因で、「Bがすぐにキレることが原因だ」とAさんは語りました。「今度キレそうになったら、お母さんに力一杯たたくのでなく、抱きしめて羽交い絞めにしてもらったらいいよ、抱きしめてくれるように言ったら」と筆者が伝えると、Aさんは少し当惑気味でした。Bちゃんは笑っていました。さらにこの頃、Aさんは非正規で仕事をしていましたが、正規雇用になるとのことでした。Aさん自身に、安定した生活者としての自立の動きがうかがえました。

年が明けての面接で、「飼っていた犬が亡くなり埋葬に行った。Bは今週二日学校を休んでいる。男子に『ブス』と言われて、私に『私ブスかな？』と聞いてきたので『外見はかわいいけど、心がブスかも』と言ったら、泣いてしまった。私にはかわいげのない態度を示し、イラっとして、あの子の気持ちがよくわからない」と涙を浮かべていました。

二月になり、Bちゃんは学校に行ったり行かなかったりの日々が続いていました。「祖父母はBが学校を休むとかなり厳しい態度をみせている」とAさんは語りました。この頃、祖父の態度にAさんが激しく抗議すると祖母が何とかまるく収めようとすることの不満も語られました。安定した仕事にも就いて、母親自身が祖父母に対する良い娘から自立してきている印象がしてきます。

三月には祖母の姉の夫が亡くなり、「家族でお葬式に出席したら、Bは葬儀の間中、泣いていた」という話が語られました。人の死という別れの体験は、Bちゃんにとっても大事な体験になったように思われました。

【小学五年生時】

五年生になり、学校には順調に行くようになりました。友だち関係に変化もあり、良い関係ができ始めたようでした。この頃、「Bちゃんの感情的にカーッとなる行動は発達障害の問題ではないか」という指摘を学校の先生から指摘されて、Aさんは気にしていました。「いじめに対しても今度の担任はしっかり対応してくれている」「Bは誕生日に家族みんなからプレゼントをもらって喜んでいた。少し大人になったかなと思う」とAさんは語りました。仕事のほうも忙しくなっている様子でした。

七月、Bちゃんは時々カーッとなりAさんにぶつかることはあるものの、順調に登校していました。「父親の話がBから語られることがある。もう少し自然に話ができればと思う」とAさんは語っています。

九月、林間学校での宿泊を心配していましたが、Bちゃんは無事に行くことができました。「学校で性教育があり、初潮のことを心配したり、ブラジャーを着けたいと言ったり、水着もビキニが欲しいと言っている」という話が出てきました。

一〇月、Bちゃんは弟とけんかし、相談室へ来る途中で母親とも口論になり、二人とも興奮した様子で現れました。「今は弟のほうが心配だ」とAさんは語りました。

年が明けて、相談室の子ども担当のセラピストに赤ちゃんができ四月から休みに入る話が出ていました。さらに学業面でのバランスの悪さを担任から指摘され、きちんと調べて対応することが必要であろうと言われていることから、Bちゃんはクリニックに通うことになりました。

三月には、メンタルクリニックで診てもらい、心理テストの結果から自閉症と診断されました。「弟も特別の援助が必要になるでしょう」と言われたことにAさんはショックを受け、「その後、以前に通っていた小児科に行って相談したら、『テスト一つで判断できないでしょう』と言われてホッとした」と語りました。いろいろ医学的に言われる中で迷ってはいますが、そのような情報に振り回されずに自分なりに子どもたちをみていこうとする構えが、少しずつAさんに形成されてきているようでした。このような経過の中で、四月一杯でBちゃんのプレイセラピーはしばらくお休みになりました。

〔小学六年生時〕

新学期になり、Bちゃんは友だちとのいざこざがありましたが、担任の指導で解決しました。五月には、運動会で応援委員に自ら立候補することがあり、六月も特に問題はなく、友だち三人で交換日記をつけて、過激な内容にAさんは少しびっくりしたそうです。七月には修学旅行があり、「Bは楽しみにしている」と語りました。五月よりヒップホップを習い始め、これも楽しんでいるようでした。Bちゃんの担当のセラピストに赤ちゃんが生まれたことを筆者はAさんに伝えました。

一〇月、いじめをする子の問題について、Aさんはかなり熱く筆者に語りました。筆者は、「それは無いにこしたことはないし、程度問題もあるでしょうが、そういう体験があっても立ち向かっていく強さを学ぶ、社会勉強になっている面もBちゃんにあるのでは」と伝えました。Bちゃんが母親のAさんに話ができ、受けとめてもらうことで、折れるのではなく、向き合っていく強さを身につけてきているように感じられました。

一二月、いじめのことがあり、Aさんは多少いらいらしながら面接場面で語りました。「下の弟はいちばん暴れたりしており、大変だ。私が家にいないと子どもたちは静かだ」とも語りました。

二月、小学校も残すところ一カ月になりましたが、いろいろある中でもBちゃんはまずまず学校に通えているようでした。産後復帰したBちゃんの担当のセラピストとのプレイセラピーを九月から再開しており、赤ちゃんの話を聞いたり、いろいろと身近な人間関係の話などもしていました。Aさんは「中学に入った後は、ここに来ることももう卒業していいのかも。Bもそのように言っている」と語り、筆者はAさんに「Bちゃんが担当者と二人で話し合うのを見守りましょう」と伝えました。

中学入学後の四月二六日、Aさんのみが来談し「Bは中学ではバトミントン部に入り、楽しく通っている」と語り、Bちゃんは中学校に入る前は緊張していたが、入学してからは元気に中学生活を楽しんでいるとのことでした。この日が最後の面接となりました。

本事例を振り返って――児童期後期の子どもと母親への関わり

小学三年生から登校渋りという問題を起こして、相談にきた親子の親面接の立場からその後の四年間の経過を述べてみました。当初の不登校の問題には、友人からのいじめ問題がきっかけとしてはありましたが、その背景には不安定な家族状況があったことがうかがえます。それはこの年代の子どもの危機体験をより増幅させてしまい、確実に子ども自身の問題と母親自身の不安が密接に関係していると思われます。現在では離婚している家族は統計的には減少傾向にあると指摘されていますが、臨床現場の実感としては、相談に来る子どもたちはさまざまな事情を抱えながら、このような家族の課題に直面しています。

この事例の場合、まずは母親面接でも、子どもとの関わりにおいて、この離婚問題についてどのように向き合えるか、決して指示的にはならないように、あくまで母親自身が受け入れられる範囲で向き合うことをめざしていました。そこである程度の振り返りと親子の交流が生まれた中で、現実的な課題、いじめを含めた友人関係の問題が出てきており、そこには母親自身の感情を揺るがす面がありました。それは母親自身のこの段階の課題を追体験して振り返っているようにも考えることができました。さらには成長に伴う思春期的な課題の目覚め、身体的な成長も含めた課題、学習面におけるバランスの悪さからの発達障害の疑いなど、この年代の子どもたちが往々にして抱えがちな問題についての話題が、次々と面接場面で取り上げられています。母親はそのような課題に一つひとつ向き合いながら、母親自身が大きく揺らぐことなく向き合える力を、面接を重ねる中で育てていきました。このような変化を生み出すとともに、母親自身が良き娘として関係を保ってきた自らの祖父母との関係が、子どもへの対応を通じて自立したものへと変わってきた面もあったのではないかと思われます。

8 思春期の子離れ ― 分離と独立の課題

親自身が基本的には子どもにこうあってほしいという期待をもつのは当然であり、それは自然な親心であるかと思います。ところが子どもへの期待が過剰になると、その期待に応えることが子どもにとって難しくなる場合があります。特に第二の分離・個体化の時期ともいわれる思春期では、親の過剰な期待は重く感じられ、反発として問題行動を起こす場合も少なくありません。

親の側、特に母親が強く子どもに期待するのは、自身の果たせなかった夢を子どもに託す場合もあるかもしれません。さらには夫への不満が過剰に子どもへの期待になる場合もあります。親子関係の問題は、そういう点では、夫婦の葛藤や問題を抱えている場合も多くあります。ここで取り上げるのは、だいぶ前の事例であり、一九八六年に男女雇用機会均等法が制定される前の、まだ女性の社会進出に大きな制約のあった高度経済成長期の頃の事例です。このような時代の特徴もあるかと思いますが、その一方でいつの時代にも変わらない親からの子どもへの期待に対する子ども側の分離と独立の課題は、現在でも面接場面で多くみられるように思います。思春期は自らの性への自覚とともに親に対する見方が大きく変わり、親の期待や要求への反発を強くもつ場合があります。このような子どもの反応に対し、親がどのように理解し、向き合えるのか、知的レベルでは子どもの自主性を重んじ見守るべきであることはわかっていても、子どもの問題の出し方は、親自身の今までの関わり方を揺るがすような場合も多くあります。

このような子どもの問題や悩みを抱えて来談する親への対応について、中学一年生男子Bくんとその母親Aさんの事例から考えてみます。

来談にいたるまで

【問題の経過】

Bくんは小学六年の一月に風邪で学校を休み、そのままずっと体調の悪さを訴えて、学校を休むようになりました。内科の医者には特に問題ないと言われましたが、少し尿にタンパクが出ると、そのことを気にしており、朝も起きてきません。「身体がだるい」と言って休み、結局卒業式も出ないまま小学校を卒業しました。中学に入ると、入学式には出席しましたが、「制服がほかの子たちと違っていることで、からかわれた」と言って、その後行かなくなりました。

生育歴には特に問題はなく、食の細いところがあり、身体が弱く風邪を引くことはよくありました。小さい頃から聞き分けの良い子だったそうです。小学校では頭の回転が早く、目立っていて、小学三、四年の担任の先生が年配の女性の先生で、うまく対応してくれて本人も好いていました。ところが五年生になると男性の若い先生で、ちょっとBくんが生意気なところがあり、先生のことを茶化したこともあり、かなり厳しく指導されていたそうです。「前の担任の先生は良かったが、現在の担任の先生とそりが合わないところがあった」「学校に行かなくてもあまり心配もしてくれなかった」と、Aさんは担任の対応を批判的に語りましたが、学校を休むことについて、その頃はBくんの身体的な問題に起因するものと思い、先生の指導に関しては特に問題もなかったので、対応に関する要求は小学校にしなかったとのこと。「中学校に入れば変わるかと思ったが、相変わらず行けずに、身体的な検査でも特に問題はなく、尿のタンパクも今回はみられなかったので、そのとき初めて心理的な問題もあるのかと思った」と語りました。

［見立てについて］

Bくんの場合、親の期待に応えた良い子でしたが、思春期の課題に直面し、もともと繊細さのある中で、混乱を起こし不登校という問題行動を起こしているように考えられました。それは今まで認められていた自己像が、男性の先生から厳しい指導を受けたことがきっかけで混乱を起こしたようでした。さらに、その背景には、過保護な対応をしている母親の存在と、そこからの分離の課題、さらには男性像のモデルとして今一つ頼りにならない父親の存在が課題になっているように考えられました。面接の経過の中では、Bくんの生育的な課題も後ほどわかってきますが、最初の段階ではそこまでの情報を得ることはできませんでした。

面接の経過

［子どもの問題と家族の課題］

Bくんは痩せていて、表情も暗く神経質そうで、それに対して母親のAさんは明るくニコニコ顔であり、その二人の表情のギャップが最初の出会いの中で印象に残りました。自己紹介の後に、Bくんと子ども担当と別れて、筆者はAさんと面接室に入りました。Aさんは、「五年生のときに若い男性教員になってから、Bは変わった」「五年生の最後の三月に、六年生を送る会で挨拶をする代表を体調不良で降ろされたことがBにとってはショックであった。六年生になってから学校を休んでも，その教員は親身に対応してくれなかった」と不満を語りました。「現在の中学の担任は毎日電話をくれて熱心に対応してくれている」と言います。「一時は部屋にひきこもったきりであったが，現在では，外に出ている。幼い頃から身体が弱く，私が世話を焼きすぎたことも原因かもしれない」という反省の弁も語りました。

六月末の次の回の面接では，「小学校の友人が休みの日に四，五人で遊びに来てくれたが，Bは隠れていて出て行かなかった」と言いました。なかなか変化の動きのみられないBくんに対して，Aさんはため息をつきながら，「Bが問題を起こすのではないかとうすうすは思っていました」と語りました。「それはどういうことですか？」と筆者が問うと，「主人がいろいろ問題あって，以前からキャンブルにはまって借金をつくったこともあって，今はちゃんと仕事をしていますが，時々会社を休むこともあって」と頼りにならないご主人への不満を語り始めました。「自分は父親を早く亡くして長女であったため，母親を助けようと学校を出てからすぐに働いていた」という苦労話が続いて語られました。しっかり者の母親と頼りにならない父親という夫婦関係が明らかとなり，Aさんが一人で家族を支えているようでした。しかし，面接が進むにつれて，このような当初の家族関係のあり方が徐々に変化してきました。

一学期の終わりにBくんは欠席したまま，Aさんが成績表をもらいに学校へ行きました。面接では「夏休みには親せきで自営業をしているので、Bに手伝いにでも行かせたほうがいいか」と筆者に聞いてきました。続いてAさんは「主人は小学四年生のとき、大けがをして、手術して半年近く歩けずに大変な思いをして、そのために甘やかされて育った」「自分とはまったく違った育ちをしている」「自分の苦労話をすると、夫とBは『お母さんは偉いよ』と言っている」「私は男の子を育てるのには向いていないのかもしれない、本当は女の子のほうが欲しかった」と語っており、当初のしっかり者の明るいお母さんから少しずつ暗い表情で愚痴っぽい話が語られるようになりました。

その後夏休みに入り、Bくんは、学校に行くことへの緊張感から解放され、少しのびのびしているようでした。そして「九月になったら学校に行くから」と言っていました。Aさん自身は、「夏休みの宿題もまったくやっていないし、九月から学校に行くのは難しいのではないか」と語っていました。そんな話から、「以前、病院の先生に、Bは甘えが足りないかもと言われたことがあった。先日私がBの手を握ったとき、普通あの年代の子だと嫌がると思ったのに、握り返してきた」と語りました。それをどう受け取ったものかと戸惑った様子をみせていました。続けてAさんは、「私は、どうもBが小さい頃から甘えてくるのを受け入れるのが苦手であった」「Bが三歳で、弟の出産で入院していたとき、父方の祖父母の家に三週間ほど預けていた。そこでは手がかからずにいい子にしていた。しかし家に帰って来たとき、私に『もう悪いことしないからおばあちゃんのところにやったりしないで』と泣いていた」と話していました。

現在のBくんの問題行動の背景には、このような幼児期の体験も影響していると思われました。そして母親自身がこのような振り返りをすることが、今後の子どもとの関係を再構築していくうえでの手がかりになるのではと考えられました。これまでの親面接では、このような振り返りを積み重ねており、Bくんの不登校は、親から分離する過程で生起された問題と考えることができるようになりました。

［家族の変化と父親の登場］

九月になると、担任の教員が家まで来てくれて、Bくんは登校するようになります。しかし、母親が同伴して二日ほど学校に通うものの、その後はまた休むようになりました。「珍しく父親が怒ると、『父親とであれば行く』とBが言っている」とAさんは語りました。Bくんは子ども担当セラピストとの相談も休み、相談室にも「父親となら相談にも行く」と言っていました。「そんなところに恥さらしに行けるか」と父親は言っていましたが、家族関係に変化が起きているように筆者には思われました。

次の回では父親がBくんと一緒に来談しました。少し線の細い神経質そうなところもありましたが、Aさんが語るほど頼りない人という印象はしませんでした。「私はこういうところへ来るのが苦手で、人前で話をするのが難しいです」と語り、筆者は、来てくれたことをねぎらうとともに、「これからBくんにとってはお父さんとの関わりがとても大切な時期になるかと思いますので、なるべく一緒に話したり、出かけたりする時間もとってくれるようにお願いします」と伝えました。

九月も半ば過ぎになり、Bくんの学校へ行く気配はその後まったく途絶えてしまい、両親の間では焦りが表出されるようになりました。父親は「お母さんがかわいそうだから家にいるな」と強く言うこともあり、Bくんは「お母さんは僕が学校へ行かないことでどんなにつらい思いをしているかわかんないだろう」と言い、それに対してAさんは「だったら楽なほうを選んだらいいのに」と言ったそうです。なかなかわかり合えない親子のいらだちが対話に垣間見えます。さらにこの回Aさんは、「なんかBも勝手なことばかり言っている気がする。女になりたいと言っており、それは私を見て楽に見えるように思っているみたいです」と語りました。

この頃、BくんはAさんと一緒に相談に来ることを拒否し、「父親とならいい」と言っており、父親が連れてくる回数が増えていました。父親は、「仕事から帰ってきて、今日も学校に行かなかったと聞くと、そのことで頭が痛くなるが、母親は平気で明るくふるまっており、どうしてああいう態度でいられるかわからない」とAさんへの不満が出てきました。そして、この頃から父親が今までになく積極的に関わるようになってきて、下の子へのAさんの過保護な対応を批判することがあり、夫婦で口論になったそうです。

Bくんは、しばらくはまったく学校に行かない状態が続きましたが、その後また一週間ほど登校しました。そのことを聞いた祖母がお小遣いをあげると、人生ゲームを買って「家族四人でやろうよ」と言ったそうです。そしてその準備を父親にさせているのを見て、Aさんが注意すると、Bくんが「じゃあ、もう学校に行かないから」と言ったそうです。この言い方に、Aさんはカーッと切れて、「そんなことを言うなら、もう学校へは行かなくてもいいから」と叱り、今までみせたことのない感情的な態度をみせたといいます。激しく叱るAさんに対し、Bくんは驚いて泣いていたそうです。このように感情的にぶつかることは、この親子には今までほとんどありませんでした。それだけAさんも余裕がなくなっていました。Bくんもいつも生意気な態度をみせており、素直さに欠けるところがありましたが、ここでは親子ともども感情的に向き合った体験をしたようです。親子関係のあり方が確実に変わってきているように思われました。

【本人の課題と親の課題】

二学期の後半は結局学校には行かず、両親ともにしばらくは見守ることにしました。Aさんは、この頃からBくんを気にかけることを意図的に避けて、以前から趣味でやっていた手芸の作品を知人が店に置いてくれることになり、本格的に取り組み始めました。これが評判を呼び、いくつかの店で置いてもらえることになりました。Aさんは本格的にその仕事を始めます。そんな経過の中で、Aさんは、「本当は専門学校で勉強したかったが、経済的な問題もあり、あきらめて事務の仕事に就いて、家計を支えて、きょうだいを学校にやる学費を出していた」ことなどを語りました。いつも家族のために自分のやりたいことを抑えて尽くしてきたことを振り返っていました。

さらに、Bくんが最近、潔癖症のところがあり、いつも手を洗ったり、よく下着を着替えたりする行動についての話題が出ました。精通などの身体的変化について問うと、「そういう話は主人とするように仕向けている」と言い、「もう起きてもおかしくない年齢ですよね」と言うとちょっと戸惑っている様子でした。そして「そういえば」と言って、「小学六年生のときに、性的に卑猥な絵と言葉をかいた紙がBの机の上にあったので、『これ何なの?』と問うとBが怒って破り捨てることがあった」と語りました。「そういうことに、お母さんが干渉してくるのは、男の子にとってはとても嫌かもしれませんね」と筆者は言いました。このことだけが原因とはいえませんが、このような思春期的な変化に対する母親の関わり方は、子どもにとっては葛藤や不安を引き出す面があり、まさに性の気づきは、分離不安の目覚めとも考えられます。

その後、三学期になると学校へ登校するようになり、Bくんは父親との関わりが増えてきます。休日には二人で釣りに行くようなこともありました。母親も自分の仕事が忙しくなり、「しばらくの間、父親と釣りに行っていることも知らないでいた」と語っていました。

不登校になる前は、Bくんのすべてに関して母親が仕切っていたのですが、この頃には、Aさんは相談室で面接予定を確認する中で、Bくんの予定を初めて知ることも増えてきました。つまりはBくんの行動をAさんが管理する状況からずいぶんと変わってきていました。Bくんが学校に通えるようになると、Aさんは、勉強の遅れが気になり始め、その心配を面接で語りました。「Bは成績のことは気にしておらず、悪い点をとったときなどこれ見よがしに、リビングのテーブルの上に置いてある」と不満そうな様子でしたが「もう自分が何か言っても、本人が自覚するまでは無理だろうと思っています」とも語り、BくんはA十分にAさんと対等にやっていけるようになっていると思われました。

このようなBくんの変化には、子ども担当とのセラピーも影響しているように思われましたが、学校に安定して行けるようになってきたある回に、筆者が「どうして学校に行けるようになったと思いますか?」とAさんに聞いてみたところ、「私もよくはわからない。ただ以前より成長したという感じがする。成長したというと良いことのようだけど、なんだか反抗的になったような気もする」と語り、さらに「私もずいぶん変わりました。以前は家の中もきちっとしていないと気が済まないところがあったのですけど、今は散らかし放題になっている。気持ちの張りが切れたところがある。主人は私がいい加減になってホッとしているよう。今までは私がすべて仕切って先回りしてやっていたのに、今は主人がいろいろ言えるようになったから」と語りました。

本事例を振り返って――親子の分離と不登校の意味

親子の分離、子どもの親離れについて、母親がどのような気持ちでいるのか、このAさんの語りをもとにまとめてみます。

およそ一〇カ月間（計二八回）の面接経過の中で、Aさん自身も、Bくんもそれぞれに変化していきました。不登校という問題を起こして、その問題に向き合う過程の中で、子どもにしてみれば親からの分離と独立、親からみれば子どもとの関係の課題に直面し、試行錯誤を繰り返しつつ、それぞれが変化成長していったのではないかと思われます。基本的にはこの親子は、健康度は高く、旧来の枠組みでいえば、軽度の神経症圏の葛藤や不安の解決に課題として取り組んだ事例といえます。このような親子の葛藤は、不登校という問題を起こさない場合でも、思春期の子どもを抱えた多くの家庭の親子の間にも同じように見られるのではないでしょうか。つまり、子どもの成長過程の中で、親子がそれぞれの立場でぶつかり、反目することは、子どもにとって大人になるためには自然な成長過程としてあるのではないかと考えられます。

さらに、この事例の場合、父親が面接に登場してくるところに特徴があったように思われます。親面接の場合、特に継続的な面接では母親面接が一般的ですが、思春期の課題を抱えている場合には、父親の登場も面接において重要な役割を果たします。そこでは夫婦関係の調節が課題になる場合もあります。その夫婦関係の調節の程度は事例によって異なりますが、夫婦関係の不満が語られることは思春期の子どもの問題を抱える多くの事例において自然なことかもしれません。夫婦関係が円満であってまったく問題がない一方で、子どもが問題を起こしている場合のほうが不自然であり、そこには何か別の要因が考えられます。つまり、親たちの子どもへの養育の考え方や姿勢の問題、あるいは発達的な偏りを両親ともにもっており、子どもの心理への共感性への課題がある場合などが考えられます。一般的には、この事例の父親のように、父親も子どもや妻に対していろいろな思いを抱えつつ、折り合いをつけていこうとするのではないでしょうか。そのような思いを、両親ともに率直に語れる場をもつことは、子どもを支援する場合に重要です。特に思春期以降の課題として、親からの自立の問題は、親自身が自らのあり方、夫婦の関係を見つめなおす機会にもなるのではないかと思われます。

9　青年期の親子関係——ひきこもりからの社会参加

小学校や中学校は義務教育であり、子どもにとって学校へ行くことは社会的な義務として存在しています。私立学校であれば転学もありえますが、義務教育の年代の子どもにとっては、社会的に帰属する場として学校が存在しています。しかし、そこから先の高校は、本人が欠席し、その日数が増えればそのまま留年になりますし、その結果として退学する子どもたちも多くいます。学校をやめた後、そのまま社会的な受け皿となる居場所があれば良いですが、人と会うのが怖く、うまく人と関われない子どもたちは、そのまま家に閉じこもり、今日では大きな社会問題になっている「ひきこもり」となる事例の人も数多くいます。この場合本人が相談に来ることは非常に少なく、基本的には親面接が中心になります。

ひきこもりの子どもをもつ親面接では、親が子どもの状態に関心をもちつつ、面接者とのつながりを維持していくことが重要です。「８０５０問題」といわれるような高齢のひきこもりの子どもを抱えている親の場合、当座の家庭生活が安定しているために、子どもを社会に押し出そうとして、子どもの反発を引き出し、その関係に波紋を起こすことを避けて、穏便に過ごしてきているうちに長期の年月が過ぎてしまう場合があります。このようにならないためにも親自身の支援者との継続的関わりは重要ですし、それが本人と社会とのつながりを広げて、幅広い支援と関わるきっかけになります。

青年期のうち、高校生～大学生ぐらいの年代の子どもの問題は、精神医学的に明らかに病理的診断名がつけられるような場合、支援活動の目的も明確化して、医療や福祉の支援とのつながりがもちやすくなります。その場合、親もはっきり病気や障害と割り切ると、治療や支援への動機づけも得やすくなるかもしれません。しかし、今まで普通に社会生活を行っていて、突然部屋から出てこなくなった場合や、以前から不登校気味であり、学校にも行ったり行かなかったりした子どもがまったく外に出なくなった場合などで、かつ、家の中では特に病的な問題もなく普通に生活できている場合では、支援の枠組みに入ることが難しい場合が多くあります。つまり中学生までは学校へ行くことが社会的に義務として要請されていますが、それ以降の子どもたちは、家族が相当に決意をもって対応しない限り、個人の自由と自己責任という考えがあるために、家族以外の支援者の介入が難しい面があります。

本章では、義務教育を終えた高校生年齢で不登校になり、学校をやめてひきこもってしまったものの、本人の健康度は比較的高く、社会的なサポート資源がうまく機能し、自分の活動する場を見出して社会に出られるようになったB子さんの事例について、母親であるAさんへの面接を取り上げ、親面接のあり方について考えていきます。

来談にいたるまで

【Aさんの最初の来談】

B子さんは全日制の公立高校に入学後、一年生のときに部活（テニス）をやめ、二年生の途中で自主退学し、通信制の別の高校に転校して一年経ちました。しかしスクーリングも行っておらず、単位の取り残しもだいぶあるとのこと。留年が決まり、母親のAさんが心配して相談に訪れました。「本人に相談に来ることを勧めてみることは、今は難しいかな」と語り、筆者は、「もしB子さんが来る可能性があれば、年齢の近い女性が面接を担当して進路などについても相談に乗ることもできますよ」と伝えました。

Aさんはその後、四月から六月までの間に計四回来談しましたが、特に大きな変化もなく、本人も来られる状況ではないので、Aさんからの申し出によりいったん終結しました。しかし問題が解決したわけではなかったので、その後、筆者のほうから状況を確認するとともに、「また困りごとがあればご連絡ください」とハガキを出しました。

このように、ひきこもり傾向をもった事例の親御さんに、侵入的にならないように配慮した支援者側からの積極的な働きかけは、信頼関係をつくっていくうえで必要になります。すでにいくつかの支援機関に関わったりしている場合、親は本人が変化することへのあきらめの気持ちをもっている場合もあり、取り組みへの動機づけを促すきっかけにもなります。

【Aさんの再来談】

翌年の一〇月、Aさんからまた問い合わせが来て、再インテークとなりました。「B子さんは昨年単位をすべてとれずに、また留年になりました」と語っていました。それから、「免許でもとったら」と勧めて、一応教習所に申し込んだものの、結局行かずに期限が切れてしまい、その後は自分でアルバイトをしながら、再度通って仮免をとれる段階まできたものの、なかなか受験せずに、また期限が切れてしまいそうで心配とのことでした。アルバイト先はコンビニで、現在はやめているそうです。友だち付き合いは多少あり、今日も中学時代の友人と会う予定にしているとのことでした。

そして先日、将来についてB子さんと話して、「もし希望があれば大学に行って、四年間勉強し、それから考えてもいいのでは」という話になり、それから本人が動き出して、通信の学校で先生に相談して、「結局何を勉強したいのか、今少しはっきりさせる必要があるのではないか」と言われたとのことでした。それで、昨年ここに相談に来たことを思い出し、「B子も年齢の近いカウンセラーに話を聞いてもらったら」と言ったら、関心をもったので、まずはAさんのみ、また相談に来たいとのことでした。

また、B子さんには兄が一人いて、家から離れて地方の大学に通っているとのことでした。

[問題の経過]

B子さんと兄は二歳違いで、Aさんによると「B子のほうが、手がかかった」「B子が生まれると兄は嫉妬していた」とのこと。Aさんはパートの仕事に出るので、B子さんが一歳、兄が三歳のときから保育園に行っていましたが、一年半くらいの間、B子さんは毎朝預けるときに泣いていたそうです。内弁慶でしたが、母親が仕事に出かけると、ケロッとして元気に過ごしていたとのことでした。また、この頃のエピソードとして、お遊戯会のときには他の子のセリフまで覚えていたそうです。

Aさんによると、B子さんは保育園の頃からしっかり者で、小学校の頃もしっかりしており、天真爛漫であったといいます。成績は中ぐらいで、算数などは今一つ呑み込みが悪かったそうです。小学の高学年では仲間はずれにされて、三人グループで一人外されたこともありましたが、その後はまた仲良くよりを戻したとのことでした。

中学ではテニス部に入り、三年間熱心に活動しましたが、性格はおとなしく、中学二、三年頃から、何か言ってもふわふわしてはっきりしなくなったそうです。中学のテニス部が全国大会に行くような熱心な学校であり、高校でも強豪校といわれている高校に入りましたが、一年の後半から部活の人間関係でうまくいかなくなり、本人の意思で転校しました。

母親はB子さんが保育園の年中で兄が小学校に入る年に、父親と離婚しています。父親は借金を抱えており、三人で家を出たそうです。B子さんたちには「経済的に生活していけないから」と伝えて別れたそうです。現在も近くに住んでおり、B子さんに「もし会いたいなら会ってもいいから」と最近話したところ、「べつにいい」と答えていましたが、少しは気にしていたようだとAさんは感じています。Aさんの両親は近郊に在住しています。

Aさんの話では、「B子は中学時代からかなり変わってきて、何を考えているのかわからない。ちょっと発達的な問題でもあるのではないか」という見方をしているようです。「本人が来る気になれば、とりあえず一度来てもらい、後は子ども担当セラピストと今後の方針を確認してもらってはどうか」ということになりました。

［見立てについて］

最初の来談時にAさんは、「B子に妙なこだわりがあり、居間で私がテレビをつけてみていると怒る」「B子はテレビショッピング番組しか観ない、その辺なんかおかしいのではないか」と心配していましたが、再来談時ではそのような行動はなくなったとのことです。B子さんの場合は、完全なひきこもりとはいえませんし、女性の場合は、家事手伝いという役割もあり、男性よりは曖昧な場合が多いように考えられます。また、行動面でのこだわりは、グレーゾーンの発達障害の特性を感じさせます。しかし、家族の環境的な要因、とりわけ父親との関係は、B子さんにとっても何かしら影響を与えているかもしれませんが、このことが直接的に現在の問題に影響しているとは現時点では考えられませんでした。

面接の経過

［最初の来談時のやり取り］

Aさんとのやり取りについて、面接過程に沿って述べてみます。

初回の面接でAさんは、「この三月で高校を卒業すると思っていたのに、単位もとっていると思っていたのに、留年が決まりショックである」「しかし卒業しても、先のことが決まってないので、まあいいのかも」と語りました。それにしてもどうしたものかと困っているという様子です。筆者は「月一回くらいのペースで、また相談に来てみませんか」と勧めました。

次の回の面接では、「B子は相変わらず家でごろごろしている。発達的な問題もあるのではないかと思う」「家では私と普通に話すし、激しい口論をしているが、外ではひどく緊張して話ができなくなるようだ」と言います。筆者はB子さんの来所も勧めてみました。

三回目の面接では、Aさんから、B子さんが通信の高校に通えていることと、教習所に申し込み、通い始めたことを聞きました。B子さんは、友だちとはメールのやり取りをしているようでした。

四回目の面接では、Aさんは「B子は今は普通に生活しており、特に問題はないが、妙なこだわり、テレビをつけているのを嫌がるところがある」と気にはしつつ、「何かありそうであるが、それ以上私自身もそのことを話に取り上げなかった」と言いました。

その後キャンセルがあり、こちらからの連絡にも返事がなく、先述したように筆者はハガキを書いてAさんに送りました。

〔再来談時のやり取り〕

面接の中断から一年五カ月後、再びAさんからの申し込みがありました。

初回の面接では、Aさんから「通信高校は行っていたが、単位がとれずにまた留年、自動車学校も行かずに切れてしまった。B子は清掃のアルバイトを始め、週二から四回出ていた。きつくてやめて、その後ファミレス、スポーツクラブの清掃など転々としている」「今も通信の高校には通っており、来春卒業のめどは立ったが、それから先どうするか決められない。今後の方向を決められず、兄も演劇のサークルに熱中し二回目の留年が決まっている」と現在の状況が語られました。二人の子どもがそれぞれに問題を抱えているようでAさん自身困り切っている様子でしたので、以降、月一回のペースで親面接を実施することになりました。

二回目の面接で、Aさんは初めてB子さんを連れてきて、子ども担当のセラピストに会いました。「B子の卒業は決まっておらず、進路は未定だが、少し前向きになっている」という話です。B子さんはきちっとした服装で、年齢相応の女子であり、自分からもかなり語っていましたが、子ども担当からの継続的来所へのすすめに対しては「自分から連絡する」と言ったきり、その後連絡はありませんでした。

三回目、Aさんは「B子は担当セラピストからの手紙に嬉しそうで、返事を書こうとしていた。しかし書けずにいた」「卒業条件について、ギリギリの状態である。免許はようやく仮免まで行った」と様子を伝えてくれました。友だちに成人式に誘われ、着物を着て参加したそうです。「明日の追試で卒業が決まる。進路は決まっていない。『また手紙をもらうと嬉しい』とB子は言っている。返事を書こうかとは言っているが、現実には書けないでいる」「兄は留年二年目になっている。B子は、クルマの免許は何とか三月末までにはとろうと言って教習所に通っている」とのこと。筆者は、進路に関しては、若者の就職支援機関のパンフレットをAさんに渡しました。また、本人に対して祖父がかなりサポートしているようです。

四回目、B子さんはどうにか学校を卒業し、運転免許も最終段階になっているようでした。「学校の先生のすすめで精神保健福祉センターへ電話した。B子は子ども担当にハガキを書いたのに、なかなか切手を貼らずに出さずにいる」とのこと。Aさんの言うことに反発はしてくるようで、筆者が父親のことを話題にすると、「B子には、離婚に至った経過について高校の頃に話している。そのことへの感想は、『だったら仕方がないね』と語っていた」と言いました。何か思うところはあるようですが、言語化は難しいようでした。

五回目、母親の代わりにB子さんが現れました。これにはちょっと驚きましたが、B子さんは割と自然に、何ら抵抗なく筆者と話をしていました。その抵抗のなさと唐突な感じが、少し特徴的な特性、つまりは発達的な相手との関係のとり方を示しているように思われました。B

子さんは、「今は料理に関心があり、習おうかな」「祖父が腎臓を壊し、食事制限があるので、その看病の手伝いに時々行っている」「『そろそろ何かせねば』と祖父が言っている。今年はまじめに勉強する」と語りました。今までのアルバイトの話や、中学時代の友人の話も語られました。筆者は「またよかったら話しに来てみたらどうか」と勧めました。後から考えてみるとAさんが父親のことを話したことと、このときに私の面接にB子さんが来ることはどこかで関係していたかもしれません。

六回目、Aさんが来談しました。「B子は今日も一緒に来たが、『近くのお店で待っているから』と言っている。今少しどうしたらいいか、指針みたいなものをB子に言ってほしいと思ったが、『今日はいい』とのこと。高額の物をネットで買ったことで言い争いになった」という話が出てきました。

七回目、Aさんは「祖父母も年をとってきたので、実家の近くに引っ越すことを予定している」「一度会った子ども担当のセラピストからもらったハガキをB子が机に飾っている。祖父母へのうっとうしさをノートに書いており、兄は帰ってくると祖父母に会いに一度は行くが、B子は一緒に行くのを嫌がっている」と語りました。

八回目、Aさんたちは実家近くに引っ越しました。Aさんは「B子はインターネットで探して精神科の診療に一人で行っている。診察と心理面接も受け、『自分のことの話ができた』と言う。『母親のせいでこうなった』という話も言っているらしい」と語りました。筆者は「引っ越しは、本人が動き出すきっかけになるのではないか」と指摘しました。

九回目、Aさんは「B子は、教習所は卒業したが、本試験を六回落ちている。ひきこもりがちになっている。家のことも何もせず、やることなすことすべて中途半端である」と、B子さんに対するいらだちを語りました。筆者はAさん自身について、「Aさんご自身が気分転換の楽しみを見つけておくことが大事かと思います」と勧めました。

一〇回目、Aさんは「B子が婦人系の病気で、通院投薬を受けている。気にしているようだが私への意思表示はしない。一一月には友だちとカラオケに行っている」と語り、Aさんを避けているB子さんに対してかなりいらだっていることがうかがわれました。

一一回目、特に変わったこともなく、兄が正月で帰ってきて、家族で祖父母宅でおせちを食べたとのことでした。兄は進級できそうで、「卒業後は、地元に戻ってきたい」とのこと。同期はもう卒業であると言う。B子さんは、家のこと、洗濯、夕食の手伝いはしており、実際には、ひきこもりというよりは家事見習いとも言えるようでした。「兄が卒業後に実家に帰ったら、B子は『自分が祖父母の家に行く』と言っている」とAさんは語りました。「そうなると、これからはAさん自身、ご自分の人生設計を改めて考えてみては」と筆者が勧めたところ、「そうですね」と語っていました。

一二回目、B子さんの運転免許の受験期限がいよいよ今月末までになりました。離れて暮らす兄のところへ行こうかという話になりましたが、「一人で街中を歩くのが嫌だ」と言って結局行きませんでした。「人からどうみられるか、対人緊張のつらさを訴えている」「精神科に行って、検査して、特に問題ないと言われたが、本人はまた通院すると言っている」などとAさんに話していました。

一三回目、B子さんは運転免許をどうにか取得できました。自動車免許という資格をとったことが自信になったのが、ここのところ家事を熱心にしており、ハローワークに行って登録してきたそうです。「今日も一緒に近くまで来ているが、相談に来るのはいいかなと言っている」とのことでした。

一四回目、B子さんが仕事を始めることになりました。企業のお弁当をつくる会社で、ここは偶然母親の知り合いもいる職場でした。B子さんはご飯をつくるのが好きなので、Aさんは料理学校へ進むことを勧めましたが、躊躇があるようでした。

一五回目、B子さんがお弁当づくりのアルバイトを始めて一カ月が経ち、「もうやめたい」と言っているとのこと。上司が兄の同級生の父親で、元締めは母親の職場ともつながりがあり、Aさんは「何とか続いてほしい」と願っていました。家の食事づくりは手伝ってくれており、料理にますます関心、興味が向いてきていました。

一六回目、「B子が私になんの相談もなく、突然一カ月で退職届を書いてやめた」と言う。その理由として、退職届には「家で料理ができないのと、祖父の世話があるから」と書いたとのこと。その行動に対するAさんの怒りをみて、B子さんは給料をすべてAさんに渡し、さらに、ハローワークにまた申し込み「パンづくりをしたいと思っている」と伝えたとのことでした。B子さんなりに、何かやろうと模索しているようにもみえましたが、ちょっと唐突にみえるところがありました。Aさんの気持ちを汲みつつ、筆者が見立てたB子さんの特徴や年齢相応の発達的な課題についても説明しました。

二カ月後の一七回目、B子さんが家の近くの仕出し弁当の会社を自分で探してきて勤め始めて一カ月が過ぎ、どうにか続いているとのことでした。職場には、若い人はおらず、大事にされているとのことです。夏休みには、Aさん、B子さん、祖父母で、地方に住む兄のところに旅行で行ってきたとのことでした。

さらに二カ月後の一八回目、B子さんは一一月よりその会社で、正規雇用として採用されることになりました。「本人も前向きに取り組んでいる。調理師の免許をとるように勧められ、B子もその気になって手続きをしてきた」とのことで、だいぶ楽しい職場のようでした。Aさんに、お給料で財布を買ってくれたそうです。Aさんは「いろいろあったがまあよくここまで来たかなと思う。兄も農業関係の仕事を考えている」と語り、筆者は「これからはお母さん自身の第二の人生を考えるようにしてみたら」と伝えて、終結になりました。

本事例を振り返って——ひきこもりの親面接のポイント

高校生～大学生ぐらいの年代の、ひきこもっている子どもを抱えた親との面接において重要になるのは、子どもの問題を理解することと同時に、親自身の特性を把握し、その人に合った関係の構築という、基本的にはどのような支援にも共通する面接のあり方がより重要になります。しかし、問題が比較的長い経過をたどっている場合、親自身も半分あきらめ感があり、親面接だけを継続していくのが難しくなります。その場合は、親の話を親身になって傾聴するというカウンセリング的関係の目標を超えて、社会的な居場所へと子どもをつなぐ窓口としての役割をもつことが重要になります。このような問題を抱える親を支援していくためには、子どもが抱える問題へのおおよその見立てをもつことと、問題について対応可能な支援をしてくれる各地域に存在する社会資源を把握し、そことの連携をつくっていくことが、親面接の重要な目標になります。

さらに、心理面接の場合、アウトリーチ的な家庭訪問をして本人と直接関わる機会をもつことに制限がありますが、可能であれば面接者が家庭訪問し、本人に会えずとも家の雰囲気を感じて、部屋の外からでも声かけをしてみることは、ひきこもりの事例において親との関係をより確かなものにするために実践してみるのも良いかと思います。あるいは自分が無理であれば、ソーシャルワーカーの専門家の家庭訪問を考えてみる価値はあるでしょう。あるいは年齢の上限もあるかと思いますが、まだ十代であれば勉強面での支援という家庭教師的関わりもあるかと思います。

この事例の場合、母親面接の話題は、子どもさんであるB子さんのことにほぼ終始しています。中学までは順調に卒業し、全日制高校の二年目で不登校になり、自主退学して、その後、通信の不登校経験者のための高校を五年かけて卒業しています。二度の留年を経ての卒業、さらにはその後の運転免許証の取得など、本人なりのペースで、社会生活を営むための資格を取得しています。これはB子さんがもともと力のある子どもさんであることをうかがわせますが、このような現実的な資格を取得することは、本人が現実に出て行くための力にもなります。粘り強く見守りながら、本人のペースに合わせて取り組むことが重要かと思います。

また、本人の力はある程度あっても、関わり方によっては、例えばあまりに親が焦って追いつめるような関わり方をすると、逆にひきこもりを強めてしまう可能性もあります。B子さんのような独特の特性が感じられる子どもさんの場合、現実に役立つ資格を取得することは本人が自信をもつためにも重要かと思います。B子さんは運転免許証の取得後にアルバイトを始めますが、最初の職場は、母親からのプレッシャーもあったためか一カ月で突然退職届を出しています。少し唐突でもあり、その理由はわかりませんが、親から庇護された環境から自立したいという彼女なりの動きという見方ができなくもありません。それが母親の逆鱗に触れてしまいますが、それに対し給与をすべて渡している点など、B子さんなりの意地をみせているようにも思えます。そして自分でハローワークに行って仕事を探し、勤め始め、そこは周囲からもかわいがられて認められる職場環境であり、自信をもったと考えられます。このあたりの親子の関わりは一つ動きをつくるうえで働いたようです。

さらに、受け皿になる周囲の環境がどのように本人に設定されているかも、社会に出て行くうえでは大きな役割を果たしているかと思われます。ひきこもり傾向の子どもへの支援においては、そのような環境調整、例えば職場の提供も重要な要素となります。そのためには紹介機関との連携も大事です。そして、そうした支援にうまく乗っていけるかどうか、本人の心の準備がどの程度できているかを見究めていくことが重要なポイントになります。

そのあたりを踏まえたうえでさらに、Aさんの親面接の場合ではB子さんのことを語りながら、自分自身の生活やこれからの生活設計に関心を向けつつ考え込むことがよくありました。Aさんは面接の中で自分自身のことはあまり語られなかったものの、このように、母親が自分自身のことを振り返る時間を面接の中でもつことは、子どもの社会参加に対して親が障壁になる可能性を少しでも低くすることになるのではと思われます。

10 子どもを自死で失った母親
――喪の作業と家族の再構築

ここでは今までの親面接とはちょっと異なる展開になった事例を取り上げてみます。親面接の基本は、親子関係の変化なり再構築という課題が、いずれの発達段階の親子関係においても重要なテーマになるかと思います。このような親子関係の変容という課題の場合、一般的には、子どもが成長していくにつれ、親の役割は減少し、現実的により密着した関係からの分離というテーマが、いずれの親子関係の場合にも、そのレベルは異なるにしろ課題としてあるかと考えられます。

しかし、ここで取り上げるテーマは、「子どもの死」という現実に直面した親にとって、その課題にどう向き合うか、これは親自身にとって深く重い課題としてあります。子どもの死により、現実的な親子関係が喪失してしまうことになります。それ以降の生きていく時間の流れの中で、現実レベルでの親子関係の相互的な変化は起こり得ない状況になります。このような中で、子どもとの関係について心の内面で向き合い、そこにどのような関係の変化が起きてくるのか、それは親自身が変わっていくことになるかと思われますが、このような課題を抱える親面接の事例について考えてみます。

来談にいたるまで

［問題の経過］

Aさんは、高校一年生のBくんが不登校になり、精神科を訪れて、精神病圏の問題という診断を受け、治療に取り組んでいました。息子がこのような問題をもった背景に、自身の家系の問題があるのではないかと思い、さらにはAさん自身の両親が不和であった体験、自分の夫婦関係の不満などさまざまな問題を抱えており、子どもへの対応と自身の振り返りという目的で面接が始まりました。

それから一二年間、ほぼ月一、二回のペースでの面談で、子どもの問題、自身の親との関わり、夫との夫婦問題を語りつつ面接を続けていました。その間、Bくんは高校を退学し、大学受験検定を受けてパスします。しかし、その後しばらくはひきこもり状態を経て、四年目に大学を受験して合格し、下宿して通うことになりました。やっと子どもとの関係も一段落かと思ったのでしたが、Bくんは最初の一週間通っただけで行けなくなり、結局退学することになりました。

その後、しばらくは何もしないで家にいましたが、よく利用する近所の書店で、アルバイトを始めるようになりました。アルバイトの給料が入り、そのお金でAさんの誕生日にもプレゼントを買ってくれていました。このような生活がしばらく続いた後、Bくんが二八歳で突然自死するという事故に直面することになります。それ以前にも未遂をしたこともあり、心配していたのですが、アルバイトも始め、もう大丈夫かなと思ったときの既遂でした。この事実をどう受けとめ、どのように心に収めていくかということが、その後のAさんとの面接の課題となっていきます。子どもを失った罪悪感と喪の仕事を、どのようにAさんが向き合い、受け入れていったか、Bくんが亡くなった年（X年）からの面接過程について一年ごとにまとめて振り返ってみます。

面接の経過

［X年の子どもの自死後、最初の面接］

Bくんの事故が起こる前に、しばらくの間、面接の休みが続いていました。三カ月ぶりにやってきたAさんが、筆者の前に「見てください」と言ってアルバムを出して置きます。何気に開けてみると、そこには息子であるBくんの告別式の写真がありました。あまりの突然のことで、びっくりし声も出ない筆者に対し、Aさんは冷静な声で「二カ月前でした」と話し始めて、涙を浮かべながら、その出来事の一部始終の経過を語ってくれました。「Bが少し元気になり、アルバイト先で好意をもっている女性ができて『プレゼント渡そうかな』と言っていた。しかし、それがどうもうまくいかなかったようで、そのことのすぐ後のことでした」。「人を好きになることができただけでも良かった」ともAさんは涙ながらに語っていました。ただ息子が亡くなったことを知り合いや友人に隠している夫への不満も強く語られていました。その後は月一のペースで面接に訪れました。

［X＋一年］

子どもを主題にした短歌をみせてくれました。「息子の死の上に成立している今の生活を心底楽しむことはできない」、「夢に出てくる息子に生気がよみがえりびっくりした体験があった」、「嬉しい半面、対応に戸惑いがある。いま生きていればもうすぐ三〇歳である。三〇までは生きると言っていたのに」、「息子が好きだと言っていた女の子が本屋で仕事をまだやっていた。たぶん彼女は息子が好意をもっていたことは知らないと思う」などと無念そうに語られました。Aさんは繰り返し、息子の死の上に成立している今の家族の生活についての罪の重さを語りつつ、筆者は「だれでもいつかは死ぬわけであり、息子さんのところに何を持っていけるか考えて、Aさん自身、今を少し楽しまれてもいいのではないでしょうか」と伝えました。その後Aさんは、少し心が和らいできたのか「歌会で、先生を囲んで一泊研修をしたが、楽しかった」と語っていました。

一一月に娘と法事で、Aさんの両親や親族とBが眠っている田舎にお墓参りに行ったとき、「実は母親が、どうも父と結婚する前に離婚しているということがわかった」という話が、きょうだいと話していたら出てきたとのこと。さらにすでに故人となっている父親の不倫問題が語られ、「その相手はかつて職場の部下であった人らしい。そのときの母親の態度が冷ややかだったことを覚えている」、「自分の育った家庭は、今の私の家のような穏やかなところはなかった」とも語りました。

【X＋二年】

Aさんは髪の毛を染めており、少し明るい感じで現れました。「下の娘に、付き合っている人がいるが、アルバイトで生活している人で気になっている」と言いました。次の回では、「その人と娘、上の娘と私の四人でコンサートへ行った。主人はフリーターに近い娘の彼氏を認めないと思う」と語りました。今年も家族四人でBくんの墓参りに行く予定だと言い、さらに、夫が亡くなったAさんの友人が、身の回りを整理し、借家に移ったという話が語られました。

六月には、「主人と二人で北海道に行きますが、主人は周りに文句ばかり言って、わからない人だ」と愚痴を語りました。そうは言いながら八月には、また家族四人で避暑地に出かけていました。「息子が亡くなって家族四人で一緒に過ごす機会が増えている」とのこと。娘たちの将来のことが家族の中で話題になることも増えているようでした。月一回の短歌の会にも参加しており、筆者宛の年賀状には、自作の短歌を書いて送ってくれるようになりました。

【X＋三年】

正月に、家族四人で東南アジアに旅行に行き、さらに短歌の会の宿泊。四月には下の娘が家を出て、独立しました。息子の四回忌では、親族は呼ばずに家族だけで墓参りに行き「主人に『ご自分のお葬式の出し方など考えておいてください』と言いました」、「娘が家を出て、主人と二人だけになり、もっと寂しくなるのかなと思っていたが、そうでもなく、そのまま受け入れている」と語りました。

七月には、娘たちの付き合っている男性の話をして、だいぶ気をもんでいるようでした。一〇月は、ご主人の旧制高校の同窓会があり、毎年夫婦で一緒に参加している話が語られました。一二月には、九州に旅行に行ったことが話に出てきましたが「それなりに楽しい生活を送っているが、どこか殻を破りきれない自分がいる」「その殻を破れれば、もっと楽しいかも、そうなりたい。自分は何をしても感じないところがある」と繰り返し語られていました。筆者は「短歌で表現している内容は、感じなければつくれないのではないでしょうか」と伝えました。

〔X＋四年〕

正月は、中国に行ったと言っていました。さらに、Aさんが子どもについて書いた手記の一部が載っている本が出版され、「子どもを亡くした親の会を主宰する先生がまとめてくれた」、「自分の文章が最初に載っておりびっくりした。テーブルに置いたが主人はさっと見るだけだった」とのこと。そして「息子のことが、こういう形で本になることで、社会の中で意味づけられたように思う。そういう点で本にしてもらい息子の存在が形になってよかったと思う」と語りました。さらに、夫の実家の相続のことできょうだいでもめているという話や、上の娘が付き合っていた男性と結婚することになったこと、下の娘の彼氏もこれから正規雇用の仕事に就くつもりであるという話も語られました。

五月には、「息子の死から五年過ぎた」と言い、改めて亡くなった日のことを詳しく思い出して語りました。六月には、「子どもの五回忌、母の一〇回忌、父親の三〇回忌を一緒にすることになった」ことや「主人にがんが見つかり、手術することになった」こと、「地域の市民運動の代表に主人が推薦され、われわれの家族にそんな資格はないと激しく言い合った」こと、七月には、「久々に妊婦になった夢をみた」話とご主人が手術をしたことなどが語られました。

一〇月には、「主人の同窓会で東北へ行った」こと、一二月には「上の娘の結婚式があった」、「最近主人がびっくりするくらい物分かりが良くなっているのに驚いた」という話が語られました。

【X＋五年】

正月には夫婦で台湾に出かけたそうです。さらに「主人が近所のシルバーの会で知り合った婦人と親しくしていることに嫉妬心を感じている自分がいる」、「九〇歳近い母親がいる方であるが、サロン的な会をつくりいろんな人が参加している」、「その女性が主人を頼りにしてきて、うきうきして出て行くことに嫉妬心がわいてくる」、「それは結局父母の行動についての不安から来ていたのではないかと思う。主人に焼きもちやいているのに、実は自分は主人に内緒に昔からの男友達と年に数回一緒に会って食事をしている、もちろんそれだけですけど」という話が語られました。

次の回では、「その婦人に呼ばれて、パーティに呼ばれて自分も一緒に行ってきたが、落ち着かない」、「主人には自分の思いをはっきり伝えた」と言う。「ここにきて主人は変わった。今まででなら偉ぶった不遜な態度をとったが、私にも配慮する面がずいぶん出てきた。地域の人の会に出るのも、最初は馬鹿にしていたが、今はお仲間の人に気を遣うようになってきた」と語りました。

一一月には夫婦でヨーロッパに行きました。さらに「主人の弟のお嫁さんが急にがんで亡くなった。義母の世話を結局この人に任せてしまい、その苦労がなければこんなに早く亡くなることもなかったかなと思うと心苦しい」という話が語られました。上の娘さんが結婚パーティをすることになり、次の回では、そのときの写真を持ってきて見せてくれました。

【X＋六年】

二月、義妹の納骨のために関西に行き、「私がきょうだいの嫁代表で挨拶をした。いろいろ言おうと思ったが、あたりさわりのない話になった」と言いました。それから例の未亡人のこと、嫉妬心がふつふつと起こっていると言う。

四月、「今年七〇歳で、二〇年関わったボランティアをやめることにした。このボランティアはBくんが不登校になる半年前に決心して始めた。その研修で臨床心理学の先生の講義を聞いて、自分もカウンセリングを受けてみようと思った」と語り、筆者との面接を始めるきっかけとなった出来事について語っています。また、Aさんはこの頃、「昔のことも息子のことも夢かうつつかはっきりしなくなるときがあり、何か自分が経験したいろんなことが曖昧に感じられる」と語っていました。

六月、「主人の実家の土地を売ることになった。自分もいろんな活動を少しずつやめている。外に出ることも少なくなり、ここに来るのはだいぶ久しぶり」と言い、家の整理をしているようでした。

一〇月、「この夏には北海道へ行ってきた。来週からまたヨーロッパに行く予定である」「主人にはいろいろあるがまあ、二人仲良くやっていきましょうという気分になってきた」とのことでした。


【X＋七年】

今年の正月は紀州へ行き、「いろいろ行けるうちに行こうか」と夫婦で話し合ったそうです。

また，「下の娘が結婚することになり，相手の実家に挨拶に行ってきた」，「母親は公務員で，父親は会社員，お姉さんが一人おり結婚している。本人はちゃんとした仕事に就いておらず，主人は結婚に反対するかと思ったら，すんなり受け入れて驚いた。今年は子どもたちも変わり目になるかと思う」と語っていました。

三月，今年の秋に下の娘の結婚が正式に決まり，この頃，夫婦の関係がずいぶん変わってきました。「自分も主人に思ったことを言えるようになってきた。これは甘えられるようになって，心の傷が癒えたからでしょうか」と問うてきており，筆者も肯定的に支持しました。

四月，「自分の叔父から，叔母を亡くして落ち込んだという内容の厚い手紙が届く。それに比べ，自分たちは，今は幸せかなと思う」と語っていました。

六月，夫の喜寿の祝いをしたという。

一〇月，軽い眩暈があり「脳出血を起こしているのでは」と入院しました。問題なく済みましたが，そのときにも夫が女友達と病院にきて世話をしてくれることに腹立たしく感じて，そのことは正直に伝えることができた。「昔だったらカーッと主人は怒っただろうに，丸くなったのか，ハイハイと聞いている。やはり息子のことがあってから変わってきたかと思う。主人は墓場まで息子のことは持っていくと言っていたが，あれから変わったのは確かである」と語っていました。

一二月、下の娘の結婚式が無事に終わりました。「いろいろあったが、自分としては、今は言いたいこと言えるし、夫婦関係はものすごく変わった。自分自身が変わったのかというと疑問もあるが、今はまあいいかなと思える」と語っていました。

【X＋八年】

この頃から、二カ月か三カ月に一回の面接頻度になり、だいぶ間があき、五月にやってきたときに、三月に例の婦人と仲間とで中国に一緒に旅行に行ったが、「彼女の身勝手さにへきえきして、その後、主人も距離をとってきている」とのことでした。

一〇月にはご主人の実家の土地が売れずに、きょうだいでもめていることなどの悩みが語られ、しかし一二月には、すべて処理が済んだとのことで、ホッとしたようでした。暮れには夫婦で初めての沖縄に行く話が出ていました。

【X＋九年】

三月、ご主人の女性の友人の話が出てきて、「その対応が気になる」とのこと。「その嫉妬心の背景は主人に恋しているからでは」と友人に言われたという。「思えば今まで主人にこんな気持ちになったことなかった」としみじみ語り、そして「主人への不信感の背景に、やはり自分の両親に傷つけられた思いがあるからではないか」と語っていました。

九月には、「来年は後期高齢者になるので、そろそろあと三、四回でここに来るのをおしまいにしたい。それで自分の課題が何かはっきりしたい」と語っていました。さらに、このようなカウンセリングを受けるきっかけについて語り、「息子の犠牲の上に今の穏やかな生活が成り立っている」と言うので、筆者は「息子さんからもらったもののつながりは、ご自分の中に生きているのでは。一方的にもらっただけではないAさんご自身の大切な心があると思いますが」と伝えました。とりあえずあと数回でまとめたいと語りました。


【X＋一〇年】

六月に姪の結婚式に出かけ、帰りに京都駅で躓いて腰を打ち、救急車で病院に運ばれ、そこで一泊したとのこと。そのときは、「主人はかいがいしく世話してくれた。主人もいろんな地域活動から手を引いてきている」と語っていました。


【X＋一一年】

五月、「身体の調子が今一つ」と訴えていました。「五月の連休にお墓参りのために田舎に行ったとき、かつて主人の転勤で住んだことのある市に寄り道して行ってみた。そこは昔住んでいた社宅がそのまま残っていて、懐かしかった」「上の娘の友人が近くに住んでおり、連絡したら会いに来てくれて、家を訪問し、空港まで送ってもらった」と言いました。例の未亡人がまた仕事の件で手伝ってくれと言ってくるので、「主人に『もし手伝うなら、覚悟してください』と脅したら、その場で断っていた。もう主人のことといいかなという面と半分まだまだという気持ちがある」と語りました。

九月には、また夫のことを語り、「疑っているのは、やはり自分の育った環境が影響していると思う。黙っていることに対等にみられていないという思いがある」「夫婦関係は悪かったが、私の母親は父親と対等にやり合っていた」と言うので、筆者が「見方を変えると、ご自身が、お母さんのように、ご主人に対等に文句を言えるようになっているのではないでしょうか」と取り上げてみたところ、「夫婦関係は確かにすごく変わってきたように思う」と言いました。

【X＋二年】

足の痛みがありマッサージに通っている話題が出ていました。三月に下の娘が妊娠して、赤ちゃんができるのを楽しみにしていましたが、流産してしまい、「ダメでした」と落ち込んで語っていました。「一〇月に喜寿になる。娘の夫がお祝いでもと言って、主人が張り切って仕切ってやるつもりである」と言い、「七七歳まで生きて、もし別の生き方があると考えると、普通の親のもとで生まれたかった。母は、七七歳の頃どんな思いでいたのかと思う」「父から私のことを何かと理由づけてお金をもらっていた。そのお金をすべて使わずにはいられなかった。父親もまったく母親のことは信用していなかった。私の結婚の準備もすべて父親がしてくれた。拒否されたことはなかったが、母からかわいがられた記憶はまったくない。母は何もしてくれなかった。父親とすごいけんかをしては家を飛び出し、しばらくすると何事もなかったように帰ってきていた。地方の名主の娘で、八人きょうだいで、女中を連れて嫁に来た人だった」と語りました。先日母の実家を継いだ母の弟が九四歳で亡くなり、弟が代表でお葬式に行ったという。「結局私の人生って何だったのかなと思う。そういうこだわりはありますね」。「でもまたもういいかなという気もする。あと一回、来春に来て終わりにします」と言いました。

〔X＋一三年〕

三月五日、この日が面接の最終回となりました。

「息子のことで先生と相談を始めて二六年通って、変わったといえば多少は変わったし、やはり基本は変わらない気もする。今になるといろんなことがまあこんなものか、このままでいいのかという気もする」と語り、そして「息子の死は、周りから苦しいだろうと言われたが、確かにそういう面もあったが、『解放された』、『これで自由になれる』と強く感じるところもあった。その後の主人との関係は新婚時代に戻ったような気もした。しかし，しばらくするとやはり気持ちが戻った。本当のところはわからない。やっぱりというか前と同じように，本当に自分は人と同じように感じることができない気持ちになった。娘二人も結婚はできた。孫がいないのは『普通が自分には与えられないのか』という疑問をもった。でも，これからは死んでいくだけ。あと何年生きられるか，わからないが，これから何かあっても，今まではここで先生にごちゃごちゃ話すことで整理してきたが，これからはまあこんなものかと流していける気がする。主人とのことも，もうなんかそのまま流している感じがする。本当にこれでいいかわからないが，でもそんな感じでやっていきます。年賀状のやり取り位でご報告させてもらいます。返事がもらえればそれで嬉しいかも，先生が年賀状を受け取らなくなったら，亡くなったと思ってください」と語りました。そんなところで最後に握手をして，終わっています。

本事例を振り返って――親，夫，そして子どもとの関わり

Aさんとの長い面接過程は私にとっても，人生の伴走者として体験させてもらったようにも思われます。月一回から隔月一回のペースで，この面接自体，心理面接の枠組みを超えている面もあるかと思いますが，人の一生の歩みを，親から子そして孫へと引き継がれていく人と人

との絆というものを、人生の運命の重さというものを、個人としてどのように引き受けていけばよいのか、面接の最終回に語ってくれたAさんの語りには、そのような人生の歩みの中で行き着いたある境地を、感じさせてくれる言葉であったように思われました。

もともとは子どもの問題に対して、親としてどのように対応したものかという問題で相談に来たのでしたが、その面接過程では、子どもであるBくんとの関わりからご主人との夫婦関係の問題について、さらには自身の育った環境についてさまざま語られていました。古い格式のある大家族の家庭で生まれ育ち、その中での父親と母親の問題、きょうだいの中でただ一人の女の子であったAさんは、父親から溺愛され、それゆえというべきか母親との関係は希薄であり、母親に愛されたという実感をもった体験がなく、いつも夫婦げんかをしている両親の中で、素直な気持ちを感じ表現することを閉ざして生きてきており、成人してからも自分の感情というものにいつも自信がもてずにいたと訴えていました。

そのようなAさんがもつ一人息子への思いは強いものがあり、ご自身が果たせなかった思いをBくんに託し、大きな期待をもっていたことが想像されます。そのBくんが、私立の中高一貫の受験校に入ったものの、その後不登校になり、高校を中退したことには激しい葛藤を感じており、落ちこぼれは許せない気持ちを強くもっていました。その不満を面接の中でも訴えていました。そして精神的な病気の診断を出されたときには、自分の家系の影響が息子に出たという自分自身への罪悪感を強く訴えるようになります。面接の経過の中で、そのようなBくんをようやく受け入れることができるようになり、穏やかな生活を過ごすことができるようになった矢先のBくんの自死は、Aさん自身の心を激しく苛むものがあったように思われます。それを持ちこたえられたのには、家族の絆と、短歌という形での自己の思いを表現する手段をもっていたことと、さらには継続的にカウンセリングに通ってきたことも支えにはなっていたように思われます。そこからのAさんの思いは、面接過程を読んでいただければわかる通りでありますが、遺された夫婦と子どもたちを含めた家族関係の再統合の過程であり、二人の娘さんの結婚による家からの自立は、Aさん自身の罪悪感からの解放とともに、心を穏やかにしていく大きな働きがあったのではないかと思われます。

親から引き継いだものをどのように自ら受け入れて、それを子どもたちが引き継いでいくか、その物語は一人ひとりの個有性がありますが、その営みには人間としての普遍性があるようにも思われます。ここでのAさんの物語は、今という時代に生きるわれわれにも十分に共感できる内容を示してくれています。人生の営みを「こうあるべき」という姿勢ではなく、「まあこんなものか」と受け入れていくことが究極的な人の生き方の境地かもしれないと、改めてAさんから学んだことを実感しています。

第Ⅲ部

親子関係の二つの物語／本書のまとめ

11 オイディプス王の物語――「個の確立」をめざして

本章と次章ではちょっと視点を変えて，親子関係の心の深層に存在する錯綜した感情について，考えてみます。

時代の変化とともに親子関係のあり方や，問題の出方が大きく変わってきていることはすでに指摘した通りです。他方で，親子関係には，どんなに時代が変わろうとも存在する普遍的な側面も当然あるかと思います。ユング（C.G.Jung）は人の心の深層部分に存在する普遍的な心理について，集合的無意識という言葉をもって説明していますが，そのような心理を知るうえで，神話的な物語が参考になるかと思います。あまり深層の世界ばかり探求することは，今という時代にはそぐわない面もあるかもしれませんが，親面接の実際場面では，このような親子関係の深層について把握しておくことも問題を理解する基本的な視座の一つとして手がかりになる点があるかと思い、本章と次章で取り上げてみます。

エディプス・コンプレックス

親子関係の深層について、心理学の中で最初に焦点を当てたのはフロイト（S.Freud）によるエディプス・コンプレックスの概念です。この話は皆さんよく知っているかと思いますが、そこでは近親相姦的なテーマが取り上げられており、かなり批判もされています。実証的な調査研究において、そのような事実は見出されなかったという指摘もされています。しかし虐待問題、特に性的虐待も増加しており、そこでは近親相姦の問題が多く指摘されているため、フロイトが取り上げている問題理解の視座は、親子関係の深層に存在する葛藤を取り上げたものとして今一度見直すことが必要な時代になってきているようにも思われます。

フロイトはギリシア悲劇であるソフォクレスの「オイディプス王」の物語から、この概念を導き出してきました。このソフォクレスの物語は、テーベの国が災禍に見まわれ、その理由をアポロンの神託に尋ねたところ、先の王ライオスを殺した犯人がテーベの国に住みついている穢れによって起きており、探し出して追放すれば、自ずと沈静化するというものでした。そこからオイディプスの犯人探しのドラマが始まります。そして、その探求から徐々に明らかとなったのは、実は先の王を殺したのは、放浪の旅の途中で無礼な態度をしていた老人を知らないままに怒りに任せて殺してしまったオイディプス自身であるということでした。そして、さらなる悲劇として、オイディプスの現在の妻であるイオカステは、先の王ライオスの王妃であり、かつ自分の産みの母親であることを知ることになります。この過酷な真実を知ったイオカステは、真実に直面することを恐れて自死します。つまりは自ら犯した罪への直視を回避したといえます。それに対し、息子であり、夫であるオイディプスは、すべての真実を明らかにしたうえで、過酷な真実を見てしまった自らの目を刀で刺して罰し、テーベの国を去り、放浪の旅に出るのでした。オイディプス王の物語はそこで終わっています。

フロイトは先ほど述べたように、この悲劇の物語から母親に対する愛情と父親に対する敵意の存在を読み取り、その敵意に対して、父親に罰せられるのではないかという恐れの感情（去勢不安）を取り上げ、子ども（息子）がもつ両親に対する複雑に入り組んだ錯綜した感情を「エディプス・コンプレックス」と命名しました（日本語では、一般にギリシア悲劇の物語として取り上げる場合オイディプスと呼び、精神分析用語として心理学的に用いる場合はエディプスと訳し分けて用いられています）。そして、子どもにとって未解決なまま心の中に存在している両親に対する葛藤が、神経症的な症状や強迫的な症状として顕在化すると考えたのでした。

オイディプスの悲劇のいちばんのポイントは、あくまでテーベの国の災禍の原因を毅然とした態度で追及し、その恐るべき原因が結局は自らにあることを発見し、しかし怯むことなくその真実を直視し、回避することなく罪を引き受けるところにあるかと思われます。このように運命に翻弄されながらも立ち向かっていく姿勢が、個として自立した姿を表しており、さらには多くの人に感動を引き起こすドラマとして、現在でも繰り返し演劇の世界では上演されています。また精神分析の基本的な治療姿勢もこのような心の内面に存在する葛藤を顕在化して、心の真実の感情に直面化することが、不安や恐怖を解放し治療効果を生み出すと考えられています。この物語の終わり方は、今日的にみれば、個人の犯した罪に対して、あくまで個人の責任で引き受けようとする個としての自己責任の問題として読み取ることができます。それが、親の因果による運命の力によって引き起こされているにもかかわらず、個人の責任として向き合っていると考えることができます。これは親子の関係性の文脈に置き換えるなら、世代間伝達として引き受けている宿命に対し、個人のレベルで向き合い、その連鎖を断っていくテーマにつながっていると考えられます。

次節では、この親の因果と子どもの対応について、今少しこの物語を取り上げて考えてみます。

オイディプス王の三世代を取り巻く物語

本節ではテーベの国の祖先からの家系を含めて述べてみます。そこにはテーベの国の王家の家系に三代にわたって関わっている問題を見出すことができます。

テーベの国の王であるオイディプスの祖父にあたるラブタゴスは、息子のライオスが一歳のときに、国に蔓延しているディオニソス崇拝に対抗しようとして非業の死を遂げています。それからテーベの国では内乱状況がしばらく続き、王の息子であるライオスは隣国のペロポネソスの王であるペロプスのもとで、手厚い保護を受けながら育てられます。その間に、ライオスはペロプス王の息子である絶世の美少年であるクリュシッポスを誘惑し、弄び死に至らしめる事件を起こします。ペロプス王は息子を死に追いやったライオスに対し「もし、将来男の子をもうければ、必ずやその子によって殺されるであろう」という呪いをかけます。つまりオイディプスが父親であるライオスを殺害する背景には、個人的な欲動レベルの問題だけではなく、このような父親の犯した罪を罰するという形で、父親の業《ごう》を引き受けさせられるという宿命的な問題が込められています。さらに、ライオスが罪を犯すことになった背景には、幼くして父親を亡くし、手厚く育てられたとはいえ、親の愛を受けることなく育った鬱屈した体験が、自分を愛する友人を弄び死に至らしめるような罪を犯すことになったと考えられるかもしれません。

成人したライオスはテーベの国に復帰し王となり，イオカステと結婚します。しかしアポロンに神託を求めたところ，将来息子によって，命を奪われる運命にあると宣告され，夫婦の交わりを慎んでいたと言います。ところがあるとき，酒に酔って自制心を失い，交わり，イオカステは妊娠し，男児を出産します。ライオスは子どもを亡き者にしようとして両足のかかとを黄金のピンで刺し，キタイロンの山中に捨てさせます。今日的に言えば，乳児虐待とでもいえる体験をオイディプスは受けたことになります。ライオスからみると，自ら犯した罪への罰を恐れた行為といえます。

山中に捨てられるという，虐待ともいえる体験をしたオイディプスは，運良く隣国のコリントのポリュボス王の家来によって助けられ，子どものいなかったポリュボス王の王子として育てられることになります。立派な若者として成人したオイディプスは，彼の腕力が優れていることを妬んだ友人から彼がポリュボス王の実の息子でないことを告げ口されます。その真偽を母親に聞いてもはっきりした返事がもらえないまま，オイディプスはアポロンの神託を求めに行きます。そこでは「生まれ故郷に行くな。もし行けば父親を殺し，母親と交わることになるだろう」という宣託を受けます。オイディプスはテーベではなくコリントを故郷と信じており，二度とコリントには足を踏み入れない決意をして，当て所もない放浪の旅に出ます。その旅の途中、三辻の向かい方向から来る尊大な老人の無礼な態度に怒り、従者を一人残して老人と連れの者を殺してしまいます。この老人こそ何を隠そう実の父親であるライオスであったのでした。その当時、テーベの国ではスフィンクスが謎をかけて国全体を災禍に陥れていて、この問題解決のためにアポロンの神託を求めてライオスがデルポイへと赴く道中の出来事でした。

アポロンに尋ねるという神頼みの行動は、古今東西の神話や昔話ではよく登場する行為です。そしてそのような預言者に未来を尋ねる占いは、科学の進歩した今日でも多くの人が行っている行為ではないかと思います。

ライオスの死後、テーベの国では妻のイオカステの兄弟であるクレオンが摂政となります。クレオンは「スフィンクスの謎を解いて、この怪物の害を除いた者は王妃イオカステと結婚し、テーベの国の王にする」という布告を出します。困窮と絶望のどん底にいたオイディプスは、その謎を解いて、スフィンクスを退治します。その功績により、何も知らぬままに実母イオカステと結婚して、テーベの王となり、ポリュネイケス、エテオクレスという二人の息子と、アンティゴネ、イスメネという二人の娘を授かり、しばらくは栄光と繁栄の中に幸福な日々を送ります。

この物語は、運命の罠を何も知らないのであれば、親元を離れて、独自の力でスフィンクスの謎を解き、テーベの国の支配者となり、子どもを四人授かったオイディプスの青年期から成人に至る自立と成功の物語として読めないこともありません。それはライフサイクルの前半の物語として読み解くことができます。しかし、ライフサイクルの後半には、個人を超えた大きな運命の力が働いていることに直面することになります。

ライフサイクルの後半の課題について

ここから、オイディプスは、過酷な運命の罠としての真実に直面されます。そしてフロイトは「エディプス・コンプレックス」の概念をこの物語から引き出してきています。そこから浮かび上がってくるオイディプスの姿は、運命に翻弄されながらもあくまで自らの宿命を直視し、その真実を受け入れようとしている姿にみえます。それは「個」としての自己の責任において、運命を背負っていこうとする人間の姿を描いているようにも思われます。

そこには、精神分析という新しい学問を構築し、多くの著作によって世界的な名声を得たものの、晩年には自らがユダヤ人であるがゆえにナチスのウイーン占領によって、末期がんを抱えながらロンドンに移住せざるを得なかったフロイト自身の運命と重なる部分を、読み取れるようにも思われます。学問的にはユダヤ人の枠を超えた普遍的な人間心理の理論の構築をめざしたフロイトでしたが、晩年のロンドンへの移住は、やはりユダヤ人としての宿命を背負うものでした。そしてこのような現実は、精神分析の考えが文学的な色彩を帯びつつ広く浸透していったことに一役買ったかもしれません。

このオイディプスの話はまだ続きがあります。オイディプスが追放された後のテーベの国では、摂政としてクレオンが治めた後、二人の息子ポリュネイケスとエテオクレスが成人した後に、交互に一年交代で国を治める取り決めをしました。しかし、エテオクレスが約束を破り、統治期間が過ぎてもポリュネイケスには王位を譲らずに国外に追放しています。ポリュネイケスはコロノスの国で最晩年を過ごしていたオイディプスに相談に行き仲裁を願いますが、オイディプスはそこには関わりをもちません。ポリュネイケスはアルゴスの国に亡命し、アドラスト王の娘婿となり、義父の助けを借りて、テーベの国を攻撃します。テーベの国は一致団結し、激しい戦いの後、奇跡的に勝利を収めます。しかしエテオクレスとポリュネイケスは壮絶な決闘を演じ、刺し違えて二人とも死んでしまいます。敵方として戦ったポリュネイケスが野ざらしにされたままであったのを忍びなく思った妹のアンティゴネは、埋葬した罪で死に追いやられることになります。そして一〇年後に再び、アルゴスの侵略を受けてテーベの国は滅ぶことになります。

個の確立と関係性の継続

個人レベルの内的心理的世界の物語として、エディプス・コンプレックスを読み解く場合、知らないうちに父親を殺す罪を犯すオイディプスの行為は、オイディプスひとりの問題として起きてきているのではなく、父親であるライオスの犯した罪に対する罰としての行為であるということ、親から子どもへの避けられない運命の呪いの糸がつながっているといえます。

このような状況の中で、オイディプスは自らの運命に翻弄されつつも自己の毅然とした生き方を全うしたといえます。しかし、それにもかかわらず、テーベの王家という家族は次の世代には継承されることなく、子どもの世代で絶え滅びてしまいます。親が個人として、自分の信念に基づいてその生き方を全うすることが、次の世代にはどのような形でそのしわ寄せが出てくるかという問題を提起しているようにも思われます。

例えば虐待を含めた負の連絡としての関わりを断つことで、個の確立した生き方を家族の各成員が見出していくという支援のかたちがあります。しかし個の確立は、次の世代に継続していくことが困難になるという課題も、またこの物語には読み取ることができます。つまりは家族からの分離と独立による「個の確立」は、必ずしも次の世代への「関係性の継続」とはつながっていかないということがあります。その中心となる視点は、「私」という個人がいかに自己を確立するかという課題に、重点を置いている見方です。それは「私」を犠牲にすることによって、家族のあり方を次なる世代につなげていくことの中に存在する継続された家族の歴史が、「個の確立」や「自己実現」を重視する生き方によって断たれてしまうということの難しさが、今日的にみれば個人レベルでも社会レベルでも、大きな課題になっているのではないかと思われます。

しかし、親への面接を考えるうえで、ここでオイディプスが示したように子どもへの対応を毅然として断つような姿勢が求められる場合も事例によっては必要になるかと思います。特に今世紀に入って大きく注目されている「ひきこもり」問題は、親が子どもに対し毅然とした個としてのあり方を重視した、断つ関係をとれないところから、引き起こされているとも考えられます。

しかし他方では、本来の安心した他者との関係を親が子に対してとれないところにも問題があるようにも考えられます。分離と独立が課題になるような子どもの場合には、ここで述べられているような姿勢は重要な示唆を示しています。その一方で、ただ関係を断つだけで、自分で立つことができるだけの準備のできていない子どもにとって、どうしたらよいか、次の世代への「関係性の継続」という課題を考えたときに、その関わりや親のとる姿勢にはまた別の側面もあるのではないかと思われます。
次章では、その問題を考えるための家族の物語をもう一つ取り上げてみます。

●文献

ソポクレス／松平千秋訳（一九八六）『ギリシア悲劇Ⅱ』筑摩書房
吉田敦彦（一九九五）『オイディプスの謎』青土社

12 アジャセ王の物語
──「関係性の継続」という課題

家族関係の中で運命的に与えられた状況に個人としてどのように対処するか、個としての自己の確立のあり方を、オイディプスの物語は示しているように思います。しかし、甘えの文化的背景をもっている日本人的な視点からすると、オイディプスのとった対処法は少し厳しい気もします。ところがこの厳しさは、現在の説明責任や自己責任という言葉で求められる曖昧な甘えを許さない社会の状況では、当然のこととして反映されているようにも読めます。それはあくまで毅然とした個の確立した人向きの生き方です。

東日本大震災において、大きな暴動も起きずに相互扶助の活動を粛々としていた東北の被災者の姿は、海外のメディアでも驚きをもって報道されていました。このような精神性は、やはり日本人の基底にもっている文化的な影響を強く受けているのかもしれません。西洋的な文化や社会システムが日本において広く浸透する中で、今日的なさまざまな心の問題が顕在化してきているような気もします。そして決定的ではないにしろ、われわれ日本人の文化的特徴は、このような個人主義的な側面とは異なる対人関係の特徴を基底ではもっているのではないかと考えられます。それは、オイディプスの物語では、罪を犯した者が確実に罪を償う形で罪悪感と向き合うのに対し、罪を犯しても曖昧に罰せられることなく許される風土、しかし、確実にそこから生起してくると考えられる罪の感覚があるというイメージです。

日本の精神分析の草創期に活動していた古沢平作はそのような視点を見出して、アジャセ・コンプレックスという概念を提示しました。フロイトが取り上げたエディプス・コンプレックスが父親を中心とした考えであるのに対し、アジャセ・コンプレックスは、母親と子どもとの葛藤を説明する概念です。以下、アジャセ王の物語を古沢は主に親鸞の著書である『教行信証』から引用してきていますが、その内容を最も整備して示すものに善導の「観経疏《かんぎょうしょ》」序分義があります（佐藤・石田、一九五七）。ここではその佐藤と石田の解説に沿って、アジャセの物語をまとめてみます。いささか親面接とは離れた話になってきていますが、今少し親子関係の物語にお付き合いください。

アジャセ王の物語

昔、インドの摩伽陀（マガタ）国の王である頻婆娑羅（ビンバシャラ）には子どもがいませんでした。そこであるとき、能く占う婆羅門（バラモン）の相師に占わしたところ、「裏山の仙人が三年後には死んで王のために子となって生まれてくるでしょう」と言いました。王は年老いていたので、三年間を待ちきれず使者を仙人のもとに使わして、王のもとに来るように要請したのですが、仙人が拒んだために殺してしまいました。仙人は「自分が死んで王の子として生まれたときには、いずれの日かその子は王を殺すことになるでしょう」と死の間際に言って亡くなりました。

その晩、王の夫人である韋提希（イダイケ）は妊娠しました。王は大変喜んで、夜明けを待って、相師を呼んで夫人を観させると、「男の子が生まれますが、その子は将来、王様を殺害するでありましょう」と告げられます。王は憂いと喜びが入りまじり、困り果て、夫人と相談し、子どもを高楼から生み落としましたが、子どもは死なずに指を折っただけで生き残りました。

親たちが自分たちの身を守るために子どもを死に追いやる行為は、現在からみれば幼児虐待といえなくもありません。この物語はそんな子どもを愛せない親の姿を表しているようにも思えてきます。洋の東西を問わず神話の中には出生に関わる親自身の葛藤が存在するようです。

　さて、物語の続きです。高楼から生み落として死なずに生き延びた子を、父親のビンバシャラと母親のイダイケは阿闍世（アジャセ）と名づけて育てることにします。将来自分を殺すかもしれないと知りながらアジャセを育てているのです。これは前の章で述べたライオスとイオカステがオイディプスを手元に置かず、排除して意識のかなたに追いやっていたことと、大きな違いがあります。このような曖昧さがあるところに、西洋と東洋の文化的な違いを反映していると読めるかもしれません。

　アジャセは、釈迦に反感をもっているダイバダッタの誘惑に従い、父王のビンバシャラに反旗をひるがえし、捕らえて幽閉しました。父王に食事を与えずにおいて七日後に見回ったところ、まったく衰弱しておらず、いたって元気にしている姿を見て、母親であるイダイケ夫人が蜜を体に塗って、王に差し入れしていたことを知ります。怒ったアジャセは母を殺そうとしますが、部下の大臣の月光とキバがこれを止めて「もろもろの王の中で、国位を奪わんがために、父親を殺す者は多数おりましたが、母親を殺すことは歴史上聞いたことがありません。もし、そのようなことをすれば賢明な王にとっての一生の恥です。私はこのような行為を聞くに堪えられません」と言いました。この言葉を聞いて、アジャセは母を殺害することを思いとどまり、深宮に幽閉します。

しばらくして、アジャセは、父王を殺し王位につきました。オイディプスは知らないで父親を殺しているのに対し、アジャセは確信犯として父親を殺しています。しかし、その後父王を殺したことに深い後悔の念に駆られ、胸中しきりに熱し悩みて、全身に流注という悪瘡（皮膚病）ができ苦しむことになります。この病気は臭気が強く、人が近づくことができないほどでした。下臣が御前で慰めてもアジャセは一向に安心できず、幽閉されていた母のイダイケも懸命に看護にあたり薬を塗ったりしますが、かえって悪くなるばかりでした。そのとき、部下のキバ大臣が釈迦への帰依を勧めました。すると、「キバの言葉に従って、釈迦のところに行って救いを求めなさい。私はおまえを不憫に思うから勧めるのだ」という天からの声がしました。アジャセがその声の主をたずねると、「私は汝の父ビンバシャラじゃ」と答えました。

自分を殺した父親が釈迦への帰依を勧めるという話はオイディプスの物語とは決定的に異なるところかと思われます。その言葉にアジャセはいっそう心苦しくなり、倒れてしまいました。アジャセは、いくら釈迦といえども罪のない父を殺した自分ばかりは救ってくださらないだろうと思いつつ、釈迦のもとに行きました。ところが、釈迦は「もし王が罪を受けるなら、世の中で尊ばれている仏たちも、ともに罰を受けるでしょう。なぜなら、あなたの父ビンバシャラ王は常に多くの仏を供養することで、さまざまな功徳を蓄え、その結果として王位に座することができました。もし仏たちが供養を受けなかったら、そのときは王になることもなかったでしょう。そうすればあなたも国のために父王を殺すこともなかったでしょう。もし、あなたが父を殺して罪があるなら、私たち仏もまた罪があることになります。もし世に尊ばれている仏たちが罪を受けることがないなら、どうしてあなた一人が罪を受けることになるのでしょうか。そのようなことはないでしょう」と語りました。つまり、ここでは犯した罪に対し、その責任をとることもなく許されることになります。

この釈迦の言葉に、追い詰められて苦悩しているアジャセの心は、一時に開かれ晴れました。アジャセは「釈迦よ、私が思うに、伊蘭の種からは伊蘭の木が生えるのであって、伊蘭の種から立派な栴檀木の生えることはありません。しかし、私は今初めて、伊蘭の種から栴檀木が生えたような気がします。伊蘭とは自分の身で、栴檀木とは今自分の得た信心です」と語ります。この信心は無根心と呼ばれています。ここに、アジャセは釈迦の導きにより救われ、熱心な信者となりました。

アジャセ・コンプレックス

フロイトは、「オイディプス王」の物語から、子どもが自ら心の中で父親殺しという願望と罪の意識の葛藤からエディプス・コンプレックスが形成されると考えました。そして、抑圧した自らの罪の意識を、直面化し引き受けていく過程が治療になると考えました。これに対し、古沢は、父を殺し母をも殺さんとしたアジャセが釈迦に自らの悪業を許されるところに注目して、エディプス・コンプレックスとの違いを明らかにしています。つまり、アジャセの物語に示されているのは、自分の犯した罪が許されることによって、心からすまないという思いが湧き起こってくるところの罪悪感であり、これをアジャセ・コンプレックスと名づけたのでした。直面化よりもすべてを受容する許しが治療になると考えました。

ここにはオイディプスのように、自らの罪に直面し、毅然とした態度でその問題に直視し、受け入れようとする個を確立した大人の姿は描かれていませんし、むしろ曖昧にしたまま甘えている姿といえなくもありません。そこに古沢は母子の二者関係の世界を読み取ろうとしたと考えられます。そのために古沢は、仏典において父王が仙人を殺すことによってアジャセが誕生するという話を、「イダイケ夫人が年老いて、身の容色の衰退が王の愛のうすれる原因となっていることを深く憂い、子どもが生まれることで王の愛を引き留めることになると思い、三年間待ちきれずに仙人を殺した」と、母親であるイダイケの行動を前面に出す形で、原典のストーリーを変更しています。つまり、エディプス・コンプレックスでは母に対する愛のために無自覚的に父王を殺害するのに対し、アジャセが父王を殺害するのは決して母に対する愛欲ではなく、容色の衰えとともに王の寵愛の去ることを憂いた悲しむべき母の煩悶にその源を発しているとしています。古沢は、この変更によって、普遍性をもった母子関係の問題を提示したものと考えられます。さらに小此木（一九七九）は、日本的な母子関係の課題として、文化的視点を踏まえて論じています。

アジャセ・コンプレックスは、アジャセの母であるイダイケのエゴイズムを強調する話へと古沢が物語を変えたことによって、二つの側面を含んでいるといえます。一つは母子関係における子どもの問題であり、子どもとしてのアジャセが自ら犯した罪に直面し、苦悩しながら解決の道を捜していく成長の過程です。もう一つは、母子関係における母であるイダイケが自らのエゴイズムを克服し、いかにして子どもであるアジャセを受容できる母になるかという課題を提示しています。この話を長々と引用してきたポイントがここにあります。つまりは母親が子どもの問題をどう受け入れるかという課題が、心理臨床の親面接の普遍的な実践としてあると考えられるからです。この二つの視点からこの物語を考えてみます。

母に対する子どもの課題

アジャセは、仙人の生まれかわりとして、将来、父王を殺すであろうという不吉な予言を受けて誕生しています。ここで仙人を殺したのが、子どもの誕生を待ちきれない父王ビンバシャラであるのか、それとも王の愛が失われるのを恐れたイダイケ夫人のエゴイズムであるのか、いずれにしても高楼から生み落とされたアジャセの誕生は、忌まわしく望まれない誕生です。アジャセにしてみれば、この母親の行為の中にすでに自らの生が否定される体験を受けることになります。その怨みを古沢は未生怨《みしょうおん》と論じています。この未生怨とは、自らの存在を否定することにつながる怨み・攻撃・破壊衝動であり、フロイトのいうところのすべてを破壊し生物を非生物状態に還元しようとする「死の本能」（タナトス）に通じるものであると指摘しています。現在でも幼児期の虐待体験を受けたことにより、思春期以降の激しい攻撃性や破壊的行動として表出することには、そのような本来的にもっている死の本能の発現している姿がみられるように思われます。

このような未生怨を抱えたアジャセが成長し、ダイバダッタの誘惑により、父王を幽閉します。しかし、母親が父王に差し入れをして生き長らえさせていることを知り、これによってアジャセの無意識の奥深くに潜んでいた未生怨が顕在化し、怒り狂って母を殺そうとします。しかし、「国位を奪うために父王を殺した話は多数あるが、母を害せるものは歴史的にも聞いたことがない」と下臣が止めに入り、アジャセに思いとどまらせています。ここで下臣が止めたのは、母を殺すことが、アジャセが自らの存在を否定する、一種の自殺行為に等しいと思われたためでしょう。しかし、ここで興味深いのは、「父王を殺した話は多数ある」と言っているように、父親を殺すことは是認されていることです。オイディプスの物語では、父王のライオスをオイディプスは父とは知らないで殺しています。つまり、それだけ抑圧した潜在意識の中で殺害しています。それに対し、アジャセは明らかに確信犯として父王を殺しています。さらに付け加えると、父王であるビンバシャラも、生まれてくる子どもがいずれは自分を殺すだろうという予言を受け、一度は殺そうと思い立ちます。しかし、アジャセが指を一本折っただけで助かると、その後は殺そうと思い立ったりせず、成人するまで育てています。アジャセがいつかは自分を殺すであろうことを知っているのに、なぜ回避しようとしなかったのでしょうか。

さらに、アジャセに殺されたビンバシャラは自らの死後、悪瘡に苦しみ自らの罪に打ちひしがれているアジャセに対し、釈迦に救いを求めに行くように勧めています。ここには、アジャセが成長して王となるために自分を殺す罪を、認め許している父王の姿があります。オイディプスの話では、父を殺したオイディプスは、あくまで個人の責任において自らの目を潰すことで罰せられなければならないのに対し、父はアジャセに救いの手をさしのべています。

実は父のビンバシャラもアジャセの誕生以前に、仙人を殺しています。その動機は子どもが欲しいためか、あるいは鹿狩りの邪魔に腹を立てたからかいずれにしろ、仙人を殺す罪を犯しています。それゆえに、父王はアジャセの罪を許すことができたのでしょうか。アジャセを救ったのは釈迦です。釈迦のアジャセに対する態度も、「もし王が罪を受けるなら、世の中で尊ばれている仏たちも、ともに罰を受けるでしょう。……（中略）もし世に尊ばれている仏たちが罪を受けることがないなら、どうしてあなた一人が罪を受けようか。そんなことはないでしょう」というものであり、受け入れてすべてを許そうとしています。さらに父であるビンバシャラも釈迦の熱心な信者であったことを考えると、この釈迦のもつすべてを包み込む一体化した支えがあったからこそ、自らを殺したアジャセの罪を許す態度をとることができたと思われます。

このようにみてくると、すべてを許しあたたかく見守ろうとする釈迦の懐に抱かれた中で、殺し殺される関係の連鎖構造の物語が展開していることがわかります。オイディプスの物語が父王を殺すことの罪を、個人の責任として明確化し、背負っていく道を選択することによって個として自立した成人になるという課題に焦点を当てているのに対し、父を殺し成人した人間もいつかは自らの息子によって死に直面させられるという、人と人とのつながりのある関係を包含した視点がアジャセの物語の中では語られています。人は親を象徴的に殺すことによって、いかに「個の確立」した大人になるかという課題の先にある、人生の後半を迎えて「死」が避けることのできない人間の最も重要な問題であることに気づいたときに、個人を超えた次の世代に何を引き継いでいくかという課題に焦点が向いているように思います。

ここにアジャセの物語における「関係性の継続」という課題がみえてきます。人が死ぬことによって帰っていく「母なる大地」は、また再び新しい生命を生み出す母体でもあります。このような言葉で象徴される深く大きな母なるものに包まれて、アジャセの物語は展開しているのです。それは人の営みを継続するために必要な原理であるかのように思われます。ただ「自己責任」や「説明責任」を強く要求する現代社会的にみれば、明らかに罪を犯しながら罰せられずに許されることは、すべて曖昧にしてしまうことにもなります。その曖昧ないい加減さに潜む病理や問題もまたあるようにも思われますが、それだけでは割り切れない「関係性の継続」した世界があることをもアジャセの物語は暗示しています。

子どもに対する母の課題

次に、母親の問題としてイダイケ夫人を中心にアジャセの物語を考えてみましょう。

夫であるビンバシャラ王の愛がうすれるのを恐れたイダイケ夫人のエゴイズムに、この物語の源があると古沢は述べています。しかし、たとえそのエゴイズムで仙人を殺さなかったにしろ、自分の子どもを高楼から生み落とすイダイケには、生まれてくる子を思う母というよりは、愛する夫のことをまず考えようとする一人の女性の姿がみられます。

自分の夫が息子であるアジャセに殺された後、その父殺しの罪に深く後悔し苦しんでいる息子に対して、イダイケは薬を塗って治癒することを願っています。夫であるビンバシャラの死によって、初めてイダイケは自らの母性を自覚したのでしょうか。しかし、ここでアジャセに対してイダイケは、盲目的に薬をただひたすら塗って治ることを願うのですが、その結果は悪瘡がますます悪化するばかりでした。つまり、イダイケが世話をすることが病気を悪化させています。

結局は、アジャセは父王による天の声の導きによって救われています。アジャセは母親に「この瘡は薬を塗っても治りません。心の問題なのですから」と語っています。アジャセの悲痛な苦しみを、イダイケは理解できずにいるようにも思われます。痛み苦しんでいる息子、その姿に対し母親として何もできず、むしろ子どものほうが母親に優しい言葉をかけています。

ここには現在において虐待する母親の苦しみを読み解くことができるかと思います。イダイケの姿は、子どもを自分の思い通りにしようとする面と、それでも本人なりに子どものことを何とかしようと苦しんでいる母親の姿を示しています。このような母親に対してむしろ子どもが母親をいたわろうとする姿を虐待問題ではよく見ることができます。アジャセを救ってくれたのは父親のビンバシャラの導きによる釈迦の許しになります。そこに、すべてを受け入れつつ慈しみ育てようとする親と子の関係を継承していこうとする姿を理解することができます。誰がどこに責任があるかを明確化するのではなく、すべてをそのまま包み込む世界のあり方が支配しているように思われます。

このような世界観を示す現代的な物語でいえば、宮崎駿の映画『もののけ姫』が挙げられるかと思います。そのストーリー中で展開する戦いは、誰が悪で誰が善なのか、結局わからないまま最終的にはすべてを独特の妖気に包み込んで終わっています。この敵味方がはっきりせずに曖昧なままですべてを包み込む形で終わっているこの物語のエンディングは、欧米人には今一つ、わかりにくいという話を個人的に聞きましたが、日本人の多くは別に違和感なく、人間の行為に対する自然界の大きな働きのようにも感じるのではないでしょうか。それは、罪を罰で償う自己責任を重視する個人のあり方を超えた、次なる世代への継承に続く原理になるのかもしれません。ここでは、これ以上の議論を深めることはできませんが、どちらが良いかという視点ではなく、このような課題に開かれていることが、親面接をしているときに、特に母親面接において心しておくべき視点ではないかと思います。

●文献

古沢平作（一九七九）「罪悪意識の二種――阿闍世コンプレックス」小此木啓吾編『精神分析・フロイト以後』（現代のエスプリ一四八号）至文堂
永井撤（二〇〇八）『実践から学んだ心理臨床：クライエントと指導者、そして物語との出会い』人文書院小此木啓吾（一九七九）「阿闍世コンプレックスからみた日本的対象関係」同編『精神分析・フロイト以後』（現代のエスプリ一四八号）至文堂
佐藤春夫・石田充之（一九五七）『観無量寿経』法蔵館

13 親面接についてのまとめ

　ここまで親面接における、基本的に押さえるべき視点や構え（第Ⅰ部）、そして筆者の関わった実際の事例（第Ⅱ部）、さらには二つの物語（第Ⅲ部）を取り上げて、親面接について多面的に紹介してきました。親面接では、一般的には、目の前にいる親自身のことではなく、あくまで子どもの問題や病理や障害についての対応を目的として面接が始まります。つまり親は、子どもの問題を解決したいと思う立場で来談しています。そこでの支援者側の立ち位置は、「子どものことで困っている親に対して、その問題の解決や軽減を目指している」といえましょう。そのような前提に立って、今一度、親面接の要点を取り上げます。

親面接の基本的な立ち位置（ポジショナリー）

子どものさまざまな心の問題に対する解決策なり、そのための子どもとの関わり方なりを親と一緒に考えていくことが親面接のカウンセラーの基本です。実践場面については、スクールカウンセラーとして学校の中で行う親面接、あるいは教育相談や大学などの心理相談室に親子で来談し、子ども担当と親担当を分けた形での親子並行面接を実施する場合が多く想定されるかと思います。このような立ち位置（ポジショナリー：宮地、二〇〇七）によって、対応は変わってきます。また親面接の場に持ち込まれる問題に応じて、異なった専門的で積極的な介入が必要になります。例えば虐待対応の親面接や、ひきこもり支援のための親面接などでは、子どもの問題がそれぞれある程度特化しており、親面接の目的や方略もある程度最初から設定しやすくなってはいますが、簡単に問題解決に至るかというと、それはまた別であり、非常に難しい場合も多いです。このように問題が特化した場での親面接、つまりは親面接の各論については、まだまだこれからの課題であるかと思います。

以下に、今少し広い枠で親子関係に焦点を当てる形で、親面接の基本的な構えを取り上げます。

親面接における親自身の課題には三割の関心を向ける

上述した立ち位置での親面接の場合、あくまで親は子どもを支援していくうえでの協力者として想定していますが、それができない現状があります。虐待の通報と児童相談所の対応ケースは右肩上がりで増えており、二〇〇〇年に一万件を超えましたが、二〇一九年には約一九万三千件になっています（厚生労働省ホームページ）。その背景にはさまざまな要因が考えられますが、親自身の養育能力の劣化もあるかと考えられます。筆者らの二〇〇七年度の調査では、子どもの問題で教育相談に来る親の約三割は、親自身も精神的な問題を抱えている可能性があることがわかりました（永井他、二〇〇八）。また子どもを虐待して有罪判決を受けた親の七二パーセントが子ども時代に虐待を受けていたという結果（黒田、二〇一九）も出ています。このような親自身の問題は、虐待に限らず、幅広く考えていく必要があるように思われます。

このような現状を踏まえた見方として、子どもの問題で相談に来ている親面接において、これは私の今までの経験から出てきた見方ですが、あくまで7対3という枠組みで、親自身の課題や問題について窓を開けておくことを、基本的な姿勢として考えています。子どもの問題での相談ですので、親自身の問題や話を聞くことに躊躇し、その場合は親自身のカウンセリングを別に設定すべきであるという意見もあるかと思いますが、それは現実的には難しい場合が多く、カウンセラーの伝え方によっては関わりを拒否されたと親御さんが感じる場合もあります。しかし、明らかに症状をもった問題を抱えている場合には、親自身が安心し、楽になるために医療機関を勧めることはあっていいかと思いますが、それが難しい場合も多くあります。そのような場合は、三割を大きくはみ出して、当然自身のことを訴えてくる親御さんもいますし、その訴えを中心にした対応を考えていかざるを得ない場合もあるかと思います。

しかし一般的には、あくまで7対3の割合で親自身のことを聞く姿勢を維持していくことが重要で、その姿勢を踏まえたうえで、まずは子どもの問題把握、そして親子関係の特徴、そこに関わる親自身の特徴を把握しつつ、さらに親自身が自らの親との関係で抱えている課題について、面接が展開するにつれて取り上げていくことも必要になる場合もあります。このように面接が展開すると、親自身の問題や課題が当然三割の分量では収まらなくなる場合もありますが、基本は親面接に立ち戻りつつ、子どもの問題解決という視点を見失わないで、面接を続けることが重要かと思います。

子どもの問題の大きな枠組みと親自身の理解

子どもの問題の大枠については、現在では概ね、養育環境を重視した問題と、生来的にもって生まれた特性としての課題をもっている場合とが考えられます。養育的な課題をより重視する場合には、親自身を含めて子どもを取り囲む環境要因をどのように見直し、関わり方を修正していくかという視点が重要になります。そこには親自身の特質や性格的要因なども影響する場合があります。さらに子どもの生来的な要因が問題に大きく影響している場合は、その事実を直視し、受容する課題から始まり、さらにはその特性に合った対応が重視されます。

子どもの問題への見立て方をさらに今少し詳しく述べるなら、「見分け、見究め、見渡し」そして「見通し」をもつことが重要になるかと思います（永井、二〇一三）。まずは、神経症圏、人格障害圏、発達障害圏、精神病圏、という四つの分類の中で、おおよそどこに分類されるかという「見分け」が、その後の「見通し」にも大きく影響するかと考えられます。この視点を親面接の中で、かみ砕いて説明するとともに、信頼関係をつくりつつ子どもの問題に取り組んでいきます。

また親自身にも病理的な問題が推測される場合、おおよそのところでどの領域の特性があるか見当をつけておくことも、親自身との信頼関係をとっていくうえで必要になるかと思います。子どもに親面接者が感情移入しすぎると、どうしても親自身の気持ちへの共感や受容ができなくなり、そのために不信感が出てきて、相談が中断してしまう場合があります。親自身に不安が強いために、被害的にカウンセラー側の言動を受け取ってしまう傾向をもっている人格障害圏や、独特の認知や思考傾向をもっている発達障害圏の親の場合には、「こちらの言動は、どのように受け取られるだろう」といった配慮が特に必要になります。精神病圏の親の場合には、その病理についての理解をもっておく必要があります。さらにはどのような生育的な要因が影響しているかの「見究め」、社会や地域、時代的な要因を含めた「見渡し」を把握したうえでの「見通し」をもつことが必要です。

社会的・時代的な変遷について

親子関係は、時代を超えて変わらない生物学的に普遍性をもった側面がある一方で、社会化という点においては、時代によって大きく変わってくる側面があります。実際に、親が社会的にどのような立場にいるかということは子どもの養育環境全体に大きく影響を与えています。ご存じの通り、現状では子どもの養育環境は劣化の一途をたどっており、片親世帯の貧困の増加、さらには先ほど述べたような虐待の右肩上がりの増加という現実もあります。このような社会的・時代的な変化について、社会を大きく変えることはできなくとも、そのような現状を把握しておくことは、来談者の置かれている立場への理解を深めることになり、関係をより確かなものにする手がかりになります。

統計的、数量的な変化は、臨床的な現実場面での体験に即当てはまる場合と、時間的なズレがある場合があるかと思いますが、社会的・時代的な課題の特徴をつかむことは、見通しをもちやすくする面があります。さらに過去を振り返ってみることは、現在の問題をより多重的に深く理解する視点を提示してくれるように考えられます。

子どもの発達課題に対応した親の対応

子どもとともに親も成長するかと思いますが、子どもの問題や課題は、その発達的段階によって大きく異なります。本書の事例では、幼児期後期から児童期前期、児童期後期、思春期、青年期という段階に分けて、その特徴に見合った親の課題について考えてきました。

親が精神的に病んでいる四、五歳から八歳までの子どもをみると、実に親への配慮や気を遣っている姿を見せることが多くあります。このような子どもの思いは、プレイセラピー場面などでも表現されることもあります。本書の六章で取り上げているケースの子どものプレイのように、母親に良くなってほしいという思いや支えようとする行動を遊びから了解することができます。その気持ちに、親は気がつかない場合が多くあります。その思いに親が気づき、親子のより深い相互的関わりが生まれたとき、親自身の傷ついている内なる子どもの部分も、変化していくきっかけになっていくように考えられます。

一〇歳前後の子どもは自己のアイデンティティの基盤として家族のあり方を問うてきている場合が多くあり、このような視点から親との関わりを求めているように思われます。そこではきちんと子どもに向き合って話し合うことができるのかという課題に直面させられ、親としての自身のアイデンティティに直面させられるようにも考えられます。このような課題は、さまざまな事情で家庭環境に変化が起きた場合、例えば親が離婚する場合などに必要になるのではないかと思われます。

そして、第二次性徴の発現する思春期の課題は、今までの育ちや体験を今一度振り返る時期であり、八章のケースにあるように、本人の生育歴上の問題への今一度の振り返りと、親からの分離・独立という課題に取り組むことになるかと思われます。それは特に母親にとっても、子どもからの分離の課題になります。そこには、親自身の今までのあり方への内省も含まれている場合もあります。

そして社会に出て行くための青年期の課題は、今日、ひきこもりという深刻な社会問題にもなっています。この問題の場合は、親との関係を継続してつなげていくことと、支援の社会資源との関わりを子ども本人がどう継続していくかということが重要な要因になっていることを、九章のケースは教えてくれています。

そして一〇章では、子どもを失う体験をした親面接を提示していますが、この面接過程を通じて親子関係について考えることは、一人ひとりの人の営みを俯瞰して人生の意味を考えるヒントを提起してくれているのではないかと思います。

「個の確立」と「関係性の継続」について

本書では最後に二つの物語を例えとして挙げて、親子の問題とその背景との関係について取り上げました。親子関係の問題には、親のあり方が子どもの問題行動へと連鎖していく世代間伝達の問題があります。本書で取り上げているオイディプスの物語とアジャセの物語は、いずれも本人たちの問題行動が親の罪を罰するという形で、つまり親の問題が子どもに連鎖して引き起こされる形で語られていました。しかし、その抱えた問題への取り組み方が、この二つの物語は大きく異なっていました。

オイディプスの物語では、あくまで、オイディプス個人が自らの問題に直面化して取り組み、宿命を背負いつつ、個として自分の責任を引き受ける形で問題解決に取り組もうとしています。それは基本的には「個の自立」を目指している姿といえるかもしれません。心理療法やカウンセリングの目標は、相談に来ている人が、どのように自らの問題に向き合い、直面化し、その問題を解決していくかという「個の確立」を目的としているといえます。そのような姿勢で、虐待問題などでは親から引き継がれた負の連鎖を断ち切ることを目指しています。

それに対して、アジャセの物語では、そのような個人としての自己責任は問わずに、周囲の者がアジャセを許す形で救われる形をとっています。その背景には、「個の確立」を目指すのではなく、許しを受けることで自らの罪を自覚するとともに個を超えた世代的な関係の連鎖への気づきを促しており、個人を包み込む広い「関係性の継続」を目指している動きといえるかもしれません。個人レベルでの問題解決だけではなく、生かされている個を超えた人の営み、すなわち「関係性の継続」に気づくことの重要性を指摘していると考えられます。このような構えを基本的な姿勢とした支援の姿もあります。

そしてこれは、社会の中で個人のあり方を今後考える視点を含んでいるかと思います。例えば、その一つとして、いま大きな社会の課題である高齢者への心理支援という問題などを考えるうえでも、一つの示唆を与えるのではないでしょうか。現代社会は、自己責任を重視した経済原則という目に見える指標で判断するシステムが普及し、その結果として大きな格差社会を生み出し、弱者を排除しかねません。それは、さらに将来的にみれば社会的・経済的な強者のエゴイズムを増長し、歴史的にも意義のある社会的・文化的な制度や価値観の継承を劣化させる可能性が大いにあります。このような危険性は、すでにわれわれの現実の社会の中に浸透してきているようにも思われます。もちろんわれわれの日々の臨床活動では、そのような大きな社会への直接的な働きかけはできないかと思いますが、何を目指し支援しているのか、その意味についてのグローバルな視点をもちつつ、個人や家族、親子の関係、その深層の内面にまで配慮しつつ、一人ひとり支援していく姿勢が必要ではないかと考えられます。

●文献

永井撤・平林小百合・安藤奈々子（二〇〇八）公立の教育相談室における親面接の実態について『首都大学東京都市教養学部人文・社会系、人文学報』三九五号、一五～二六頁
永井撤（二〇一三）『心理面接の方法：見立てと心理支援のすすめ方』新曜社
宮地尚子（二〇〇七）『環状島＝トラウマの地政学』みすず書房
黒田公美（二〇一九）加害の親ら7割、子供時代に虐待被害の経験（日本経済新聞二〇一九年三月三〇日）

あとがき

最後に、少し個人的なことを述べます。私自身が心理臨床の実践に関わったのは今から四〇年以上前であり、都内の公立の教育相談室での仕事が最初でした。そこでは子どもの問題について、プレイセラピー担当の心理相談員と親面接を担当する相談員（主に嘱託の元教員）がペアになって対応しており、子どものプレイセラピーを主に担当していました。どうも元教員の先生方の相談は教育的であり、子どもの詳しい生育歴などの情報も得ておらず、二年目からは親面接も担当することが増えてきました。まだ二〇代であり、生意気な理論先行の対応をしていたように思います。子どもの立場から親を批判的に見ており、なかなか受容的な対応が難しかった面もあったように思います。

その後、院生として所属していた東京都立大学で、一九八三年秋に心理相談室が開設されることになりました。臨床心理学は社会的に注目され始めてきてはいましたが、まだ心理臨床の専門家養成の資格化が始まる前でした。当時の指導教官の詫摩武俊教授の下で、臨床心理を専攻する院生に実習の場を提供できないものかと始めたものでした。翌年の四月から助手となり、そこでの私の役割は、相談の受付と子ども担当の院生と並行して親面接をすることでした。

四年間離れていた時期もありましたが、教員として戻ってきた一九九三年から、二〇二〇年三月に定年を迎えるまで、相談室における親面接は、院生への指導のためだけでなく、歳を重ねるにつれ、私の臨床の学びの場の一つの柱になっていったように思います。

講義や演習と雑務に追われつつも、初めての子どもを担当し小・中学生の子どもたちへのプレイセラピーやカウンセリングに取り組む院生たちのことを思うと、身を引き締めて親面接もしなければと思っていました。さまざまなケースの親御さんや子どもたち、そして緊張感をもちつつ取り組んでいた院生たちのことが懐かしく思い出されます。そのような意味で、この本は私にとって都立大学の心理相談室の活動の総括のような気もしています。多くのことを学ばせていただいた子どもたちと親御さんに感謝します。

最後にこの本をまとめていただいた北大路書房の森光侑有さんに感謝します。

コロナ禍の中、先行き不透明な現状において、少しで希望のある社会が再生されることを願いつつ。

二〇二一年一月

永井　撤

著者紹介

永井　撤（ながい　とおる）

一九五五年生まれ。東京都立大学大学院人文科学研究科博士課程修了。文学博士，臨床心理士。東京都立大学助手，助教授，教授，首都大学東京教授を歴任し，二〇二〇年に定年退職。現在は首都大学東京名誉教授，東京都立大学特任教授。

主な著書：『不登校の心理：カウンセラーの立場から』（サイエンス社，一九九六），『子どもの心理臨床入門』（金子書房，二〇〇五），『実践から学んだ心理臨床：クライエントと指導者，そして物語との出会い』（人文書院，二〇〇八）『心理面接の方法：見立てと心理支援のすすめ方』（新曜社，二〇一三）他

臨床実践：原町田心理相談室を主宰。思春期から青年期の親支援と本人面接，専門家のスーパービジョン，教育分析など。さらに大学，中高一貫校などでのカウンセラーとして活動。

原町田心理相談室：https://www.n-haramachida.com

心理臨床の親面接
カウンセラーの基本的視点

2021年3月20日　初版第1刷印刷
定価はカバーに表示してあります。

著　者　永井　撤

発行所　（株）北大路書房
〒603-8303
京都市北区紫野十二坊町12-8
電　話　（075）431-0361（代）
FAX　（075）431-9393
振　替　01050-4-2083

装　丁　白沢　正
印刷・製本　（株）太洋社

ISBN 978-4-7628-3145-4　Printed in Japan

北大路書房の好評関連書

メンタライジングによる子どもと親への支援
——時間制限式MBT－Cのガイド

N・ミッジリーほか 著／上地雄一郎・西村馨 監訳
A5判・320頁 本体3800円＋税
ISBN978-4-7628-3139-3 C3011

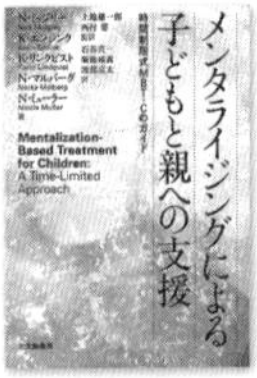

子どもを対象とし短時間で効果をあげることが可能な心理療法、時間制限式MBT－Cについて解説。問題「行動」の背景にある「心」を理解するMBTの基本原則や基本姿勢を踏まえながら、子ども特有の発達課題を考慮した体系的なサイコセラピーの全体像を示す。親も含めた事例を通し効果的な治療作業の実際について詳述。

Journey with Narrative Therapy
ナラティヴ・セラピー・ワークショップ Book I
——基礎知識と背景概念を知る

国重浩一 著／日本キャリア開発センター 編集協力
A5判・312頁 本体2800円＋税
ISBN978-4-7628-3142-3 C3311

熟練ナラティヴ・セラピストによるワークショップを再現するシリーズ第一弾。ナラティヴ・セラピーの基本的な知識や背景について、外在化する会話法、ディスコース、脱構築や質問術にも触れながら、対人援助職や初心者向けに話し言葉で丁寧に解説する。ワークによる実践の具体例やデモも一部掲載し、参加者の声も多数紹介。

子どもに寄り添うライフストーリーワーク
——社会的養護の現場から

園部博範・秋月穂高 編著
A5判・204頁 本体2400円＋税
ISBN978-4-7628-3117-1 C3036

家庭の事情で児童養護施設や里親のもとで暮してきた子どもが、未来に向けて自身の生い立ちを整理するライフストーリーワーク。欧米で始まったものだが、日本の環境面との違いから、現場への導入・活用に困惑を生じている。実践ベースで成果をあげている事例を通じ、現場での様々な悩みに応えることを意図して本書は編まれた。

人生の終わりに学ぶ観想の智恵
——死の床で目覚めよという声を聞く

K・P・エリソン、M・ワインガスト 編／小森康永ほか 訳
四六判・464頁 本体4800円＋税
ISBN978-4-7628-3132-4 C3011

ニューヨーク禅センターの設立者らが編んだ「死」と「看取り」についてのエッセイ集。マインドフルネスを含む東洋思想から、シシリー・ソンダース、エリザベス・キューブラー・ロス、ノーベル賞受賞者のデレク・ウォルコットまで、珠玉の論考26本と詩28本で構成。文学・文芸と医療が融合したビブリオセラピー。